给年轻律师的100句话

赵清树 著

给年轻律师的100句话

100 WORDS TO
A YOUNG LAWYER

当代世界出版社

图书在版编目（CIP）数据

给年轻律师的 100 句话/赵清树著

北京：当代世界出版社，2020.10

ISBN 978-7-5090-1349-6

Ⅰ.①给… Ⅱ.①赵… Ⅲ.①律师业务－中国 Ⅳ.①D926.5

中国版本图书馆 CIP 数据核字(2020)第 165529 号

出版发行：当代世界出版社
地　　址：北京市东城区地安门东大街 70-9 号
网址：http://www.worldpress.org.cn
编务电话：（010）83907528
发行电话：（010）83908410
经　　销：新华书店
印　　刷：北京中科印刷有限公司
开　　本：787 毫米×960 毫米　1/32
印　　张：9.75
字　　数：110 千字
版　　次：2020 年 10 月第 1 版
印　　次：2020 年 10 月第 1 次
定　　价：58.00 元

如发现印装质量问题，请与承印厂联系调换。
版权所有，翻印必究；未经许可，不得转载！

前 言

我是一个农民的儿子。九十年代大学毕业后留在青岛做律师，没有背景、资源、人脉，只能靠师父指导、同事帮助、自己打拼，历经二十年，成为一名"老"律师。这二十年，也是诚功所从小到大的过程（2016年被评为"全国优秀律师事务所"）。

这二十年里，我和许多律师一样，走过一些弯路，犯过很多错误。现在回想起来，唯一遗憾的是，因为年轻时不懂道理而错失很多的成长机会。我也带过一些年轻律师，了解年轻律师的彷徨与迷茫。我时常在想，应该做些什么可以帮到这群满怀热爱投身法律事业的年轻人，于是便有了写本书的想法。

在动笔之前，我也犹豫过。都说，听过很多道理，仍然过不好这一生，我不确定这些经验能否对你们起到帮助作用。这里总结的一些经验教训我经常讲给我带的年轻律师们听,可是他们还是会忘记这个或那个。那还有什么意义呢?直到有一天我看到松浦弥太郎的《新100个基本:自我更新指南》,终于释然。把经验教训变成轻松易读的小册子,放在案头,时不时翻两页,必能起到提醒作用。

希望如此!

目 录

前言 ... I

第一章　职业规划

001　自己到底适不适合做律师 ... 2
002　律所选择三段论 ... 4
003　先选择，再努力 ... 6
004　执业/专业方向因人而异 ... 8
005　立锥之地，脱颖而出 ... 10
006　青铜到钻石，职场打怪升级 ... 12

第二章　三大纪律、一项注意

007　三大纪律：不欺当事人 ... 16
008　三大纪律：不私自收费 ... 18
009　三大纪律：不贬低同行 ... 20
010　一项注意：不主动汇报工作进展 ... 22

第三章　自我管理

执业心态与情绪管理

011　0.9 的 73 次方 ≈ 0 ... 26

012 纸上得来终觉浅，创造价值付学费 ... 28

013 黑暗里生根，向阳处开花 ... 30

014 2个小时换 30 秒 ... 32

015 月亮不睡你不睡，都是秃头小宝贝 ... 34

016 不要拿劳动法上的劳动报酬条款来衡量你的价值 ... 36

017 把师父当成女朋友，经常给他惊喜 ... 38

018 被不当指责不要急于辩解 ... 40

019 用纸和笔控制你的情绪 ... 42

020 不要逞强 ... 44

021 认真对待小案件 ... 46

022 与己斗，其乐无穷 ... 48

023 只学习、不玩耍，聪明孩子也变傻 ... 50

024 眼高手低，你可能没意识到 ... 52

学什么与怎么学

025 不要人学亦学 ... 54

026 以产出为导向 ... 56

027 做好每一个案件的复盘工作 ... 58

028 哪里不会点哪里，哪壶不开提哪壶 ... 60

029 不"迟"下问 ... 62

030 在深入了解案情的情况下旁听开庭 ... 64

031 书中自有黄金屋 ... 66

时间与精力管理

032 培养微习惯 ... 68

033 有所为有所不为 ... 70

034 判断一件事该不该做 ... 72

035 事分轻重缓急 ... 74

036 一次只做一件事 ... 76

037 按规律、按流程做事 ... 78

038 每日计划必须有明确的时间与可量化的任务 ... 80

039 先完成再完美 ... 82

040 不在琐事上花费过多时间 ... 84

041 合理利用时间 ... 86

042 花钱"买"时间 ... 88

043 整理 ... 90

044 早出晚归好处多 ... 92

045 日记,记录"美好"生活 ... 94

第四章 人际关系

总括性的问题

046 做人与做事 ... 98

047 有害影响清单 ... 100

048 有益影响清单 ... 102

与师父

049 徒弟行为准则 ... 104

050 闭环式工作 ... 106

051 服从但不盲从 ... 108

052 你从师父那里得到的远不止工资 ... 110

053 欲责人，先省己 ... 112

054 为什么师父不愿意把案件交给你办 ... 114

055 与师父相处之道 ... 116

与领导和同事

056 热爱或者离开 ... 118

057 如何增加律所领导（合伙人）找你办事的概率 ... 120

058 职场相处之道 ... 122

与法官

059 与法官的相处之道 ... 124

060 为什么法官不喜欢你 ... 126

与客户

061 与当事人的相处之道 ... 128

062 知己知彼，对症下药 ... 130

063 尊重但是不要轻信当事人 ... 132

064 为什么客户不喜欢你 ... 134

065 识别客户 ... 136

066 学会差别对待 ... 138

第五章 工作技巧与感悟

总括性的问题

067 首战必胜 ... 142

068 不要做"过期食品" ... 144

069 比约定的时间更早到 ... 146

070 兵马未动粮草先行，随时做好战斗准备 ... 148

071 只用一个笔记本做记录 ... 150

072 保证在线 ... 152

073 自己制作百错表 ... 154

具体工作

074 沟通,细节之处见真章 ... 156

075 文书写作规范 ... 158

076 巧用录音、录像,准确传达信息 ... 160

077 设身处地出方案,法律意见不例外 ... 162

078 有迹可循的办案指导 ... 164

079 文件命名,未雨绸缪 ... 166

080 文件保存,狡兔三窟 ... 168

081 四招避免低级错误 ... 170

082 厚度体现态度,颜值代表价值 ... 172

083 开庭要点是说服法官,同时也要注意对方动向 ... 174

084 庭审注意事项清单 ... 176

085 可视化表达 ... 178

086 研究中院判决同样很重要 ... 180

市场拓展

087 这是一个刷脸的时代 ... 182

088 主动咨询,一箭双雕 ... 184

089 报价也是一门艺术 ... 186

090 见面三分情 ... 188

091 借东风 ... 190

092 利用网络咨询积累实务经验 ... 192

093 不花钱的营销真相 ... 194

094 社会交往促进案源开拓 ... 196

执业感悟

095 只有相信自己做的是伟大的工作，才能够安然自得 ... 198

096 律师、律人、律己 ... 200

097 律师三段论 ... 202

098 你以为的"你以为"只是你以为 ... 204

099 不检索就答复不可取 ... 206

100 双赢与多赢思维 ... 208

附录

附录一：师父不喜欢你清单 ... 210

附录二：百错表之文书 ... 212

附录三：庭前准备表 ... 213

附录四：庭审注意事项清单 ... 215

附录五：市场拓展自查清单 ... 216

附录六：客户喜欢某个律师的理由 ... 218

附录七：客户不喜欢某个律师的理由 ... 220

附录八：法官喜欢或讨厌某个律师的
　　　　理由 ... 221

附录九：接待来访客户 ... 223

附录十：检索清单 ... 225

附录十一：如何分析案件及确定证据 ... 226

附录十二：送材料注意事项清单 ... 228

附录十三：民事诉讼流程 ... 229

附录十四：行政案件处理流程（行政机关
　　　　　代理人）... 239

附录十五：刑事案件诉讼流程 ... 242

后记 ... 291

第一章

职业规划

001

自己到底适不适合做律师

"适不适合做律师"可能是你现在甚至未来的三五年中考虑得最多的问题。既然你这样问,就表明你不是绝对的不想做律师,那么我的答案就是你适合做律师。

我从业20年来,身边转行的律师不足10人。律师并不是千人一面,学历、性格、家庭背景、爱好,都不能决定你适不适合做律师。我本人上大学时不合群,大学毕业时在青岛是外地人,没有什么社会关系,学习成绩也一般,律师考试成绩也是刚过线,这些都没有影响我在十几年后成为一个全国优秀律师事务所的副主任。关键是,你自己是否愿意做律师。只要你愿意,你必能成为一名合格的律师。

成为一名律师要面临的困难,大部分是你从事其他行业也都要面对的,所以不要顾虑,顾虑也没有用,你需要做的就是直面困难并且学习如何解决。

002

律所选择三段论

大所还是小所？国际所还是本地所？专业所还是综合所？律所越大，能人越多。如果你各方面能力较强，而且不怕竞争、加班，建议一定去大所。第一，你可以与和你一样厉害的年轻人一起竞争、成长；第二，大所都会有正规的体系化的培训，可请教的师父也多；第三，你可以见识到只有大所才能接到的大型项目；第四，客户群体多是精英，有利于人脉的拓展；第五，过几年你即使换所，可选余地也较大，而小所出来向大所走，难度相对会大一些。

但是，在顶级律所，你也许只是螺丝钉；在一般律所，你可能就是顶梁柱。你愿意做鸡头还是凤尾？

另外，大的律所，大多数还是合伙人带队的团队制，你不仅要看律所，更重要的是看带队合伙人是谁。这就是下面要提到的选师父的问题。

003

先选择，再努力

可能你的律所已经给你安排了师父，没法调换，那你就先适应吧。这就是缘分。

如果你的师父还没有被安排，或者你还有选择的机会，建议你还是了解一下。刚进律所的头一年，可能就决定了你一生的工作习惯、理念。而这里面，起最大作用的可能就是你的师父以及你师父所带领的团队。

选择师父需要考虑的问题：师父的业务方向、行事风格以及成就。一般来说，师父的专业方向就是你最初接触的业务方向，师父对待别的实习律师的态度就是对待你的态度。

004

执业/专业方向因人而异

选择方向时建议贴近自己的实际，选择能够有案件来源的方向。比如，三线城市，你去搞反倾销法，难度还是太大了点；内陆城市，你去搞海商法，也有点难。至少是本所律师曾经办过或正在办理的案件类型，或者你及你师父、团队通过其他社会资源能够在短期内获得的案件。

还要考虑：你的优势劣势是什么？喜欢冲突强一点还是弱一点，喜欢跑来跑去还是独坐家中。

学习方向并不一定是我们法律的学科分工，比如民商与刑事，但重要的是行业，学习某一行业所涉及的法律，比如网上教育业、娱乐业、餐饮业等等。

005

立锥之地,脱颖而出

想想看，如果一个前辈想找个年轻人合作一个案件，他会考虑选谁？是不是在同等条件下选择对手头案件特别有研究的人？

鱼与熊掌不可兼得，可以考虑，在一年内只定一个学习方向。学习方向，就是你在自主时间内能够集中精力学习的方向。比如白天你跟着师父办理离婚案件，但晚上你可以研究合同纠纷案件，当然你可以晚上也研究离婚案件。

在第一个学习方向确有研究成果并在同事中获得了标签式的认可，即提到某类案件大家会说某某律师比我们懂，有案件会找你探讨甚至合作时，那时可以考虑再增加一个方向。

很多人也表示，应当先跟着师父做一段时间，有了一定的能力之后，再来评估自己适合的方向。这种观点也很有道理，仁者见仁吧。

006

青铜到钻石,职场打怪升级

服务员、专业人士、专家、军师，随着执业时间的增加，你在当事人和同事、同行心中的形象是不一样的。在实习阶段，你就是指导老师的"服务员"，检索、跑腿、笔录等都要做。如果一个案件，没有技术难度，当事人只是因为自己没有时间才找律师处理，那么，在当事人心里很可能只是把这个律师当作服务员来看待。专业人士，可以称为合格律师，就是自己能够不依赖于别人的指导而独立完成案件的代理工作。专家，应当是在某个领域有一定知名度的专业人士。军师，则是被当事人无条件信任并负责谋划全局的人，可以不出门而决胜千里。

当然，还有一个从律师到合伙人、高级合伙人甚至是律所主任的晋升问题。

做个五年规划、十年规划。给自己定一个远期目标，然后不断修炼通关。

第二章
三大纪律、一项注意

  国有国法,行有行规。律师作为一个有着特殊执业权利的群体,就要遵守法律法规以及职业道德和执业纪律规范。律师可以干一辈子,无论何时何地都要爱惜自己的名声。规范很多,简单罗列法条也没意义,我根据一些常见的被投诉或被处罚的案例总结了如下几条较为关键的、容易牢记的注意事项。

007

三大纪律：不欺当事人

郭德纲上台说相声,会说观众都是我的衣食父母。律师这行亦如是。当事人信任我们,有时是将自由、身家都交给我们来处理,我们怎能忍心占着技术优势而欺负、欺骗当事人。

不要虚假承诺和调词架讼。不要为了收代理费,去唆使当事人打一场不该打的官司。这是业界良心所在。

008

三大纪律：不私自收费

私自收费会让客户看不起你。曾有客户谈收费时对律师说,把代理费给律师个人,不用开发票(不用交到律所里),律师拒绝,后客户也同意按标准付费给律所,开发票。事后,客户说,如果你答应了自己收钱不开发票的话,我就不找你了,说明你以及你的律所都不规范。

曾有一个投诉律师案件,因为律师收费没开发票,当事人在案结事了后,要求退费,声明不退费就去司法局投诉私自收费,最后律师不得不退费。

私自收费就是背叛集体,定为集体所不耻。当律所知道这个律师收费不交到事务所,律所会怎么看待这个律师呢?想想可知。

009

三大纪律：不贬低同行

同行相轻是一种恶习。有时候，你的客户不仅在判断你的能力，也在判断你的人品。职场中人，当求同存异，无论是庄严的献身，还是卑微的求食，无非各自的活法，又或造化。清者自清，浊者自浊，大家活得都不易，切忌相互诋毁，彼此攻讦。想想看，如果法官看到双方律师互相贬低，心里会怎么想？

虚心向同行学习。三人行，必有我师。每次复盘我都有一个感觉，那就是每个案件都有遗憾。只要你没有闭上学习的眼睛，肯定可以从同行那里学到东西。

010

一项注意：不主动汇报工作进展

我接到当事人投诉年轻律师最多的就是不主动向当事人汇报工作进展。注意必须是主动联系。

曾有当事人投诉律师不汇报工作进展,律师说,不对呀,昨天我们还通电话呢。当事人说,一直都是我在打电话给律师,律师从来不主动给我打电话。

看到上述区别了吗?这关系到当事人评价律师对当事人的事情有没有放在心上的问题。我们无法决定案件的办理结果,但态度要让当事人真正的感知到。律师服务是当事人体验的过程,过程不舒服,即使案件胜诉,当事人也可能不会再找你了。

第三章
自我管理

执业心态与情绪管理

学什么与怎么学

时间与精力管理

011

0.9 的 73 次方 ≈ 0

0.9就是我们人生中的"差不多",我们总会下意识地自我说服:做不到圆满,那就做个差不多吧,0.9也不错了。

可是,如果人生中的每个环节,都用"差不多"的心态去完成,就好比多个0.9相乘,其结果很有可能不及格,甚至趋近于0。差不多加差不多加差不多,就是差很多。如果你的进步速度不及客户,那等着你的结果只有被淘汰。

保持言谈举止、为人处世、工作细节的完美、靠谱与体面,并将其形成一种习惯。追求卓越是一种自我选择。追求卓越,会激发更多的潜能,创造更多的成就。而最终因此受益的,终将是不断追求卓越的自己。

012

纸上得来终觉浅，创造价值付学费

尽管一生都要学习，但律所不是让你来带薪学习的，不收你的学费还给你发工资。定位要准确，是工作中学习，业余时间学习，而不是专职学习。既然不收你学费，你还想学习，就不要抱怨师父给的工资少但活却多。因为，实习律师就是在干活中才能成长，否则跟在学校学习有何区别？

律所和师父不是你的父母，没有义务容忍你的任性。你不能像孩子对父母那样，以自己不知道、不懂为由推卸责任。

013

黑暗里生根,向阳处开花

不要以眼前的跑腿打杂为耻，更不能因此应付了事。

第一，没有专门助理时，只能是实习律师来做。

第二，杂务都做不好，谁敢把重要工作交给你。

第三，处理杂务也会有成长。比如，跑腿也是锻炼沟通能力的机会，复印时你可以将资料全部通读一遍，定会获益匪浅，甚至订卷时你可以获得接触实际案件的机会。一个卷宗，你可以想象如果你是原告或被告或法官，你会怎么办（判），然后和实际文书进行对比分析。

第四，处理杂务时想着如何能改善流程或利用工具替代人工提高效率。

第五，只有亲身经历，日后你在带徒弟时，对安排给他的活才能心里有数。

014

2个小时换30秒

实习律师工作的本质就是用自己的工作减少师父的工作量,用自己的 2 个小时来换师父的"30 秒搞定"。师父找你干的活并不是他不会干,而是为了节省他的时间和让你成长。

015

月亮不睡你不睡,都是秃头小宝贝

你的人品、智商和情商难以改变，人脉也不能在短时间内建立。师父考验的是你是否值得信赖、是否值得师父去下功夫培养你。在其他条件无法改变的情况下，你是否勤奋并且一直保持勤奋，就是最重要的参考因素。

律师执业，其实没有那么多的奇谋妙计，法官大体说来也不喜欢奇谈怪论。有句话说过，给我一百个小时，任何案件我都能研究明白。这话当然不严谨，但是里面有正确的因素，就是同一个律师，在一个案件上用时用力越多，对于案件的把握就越准确。但是，当事人不会允许若干天后才收到律师的法律意见，因此在能力有限的情况下，要想尽快吃透案件，就要及时协助师父的工作，除了提高效率，往往需要经常性地加班。

016

不要拿劳动法上的劳动报酬
条款来衡量你的价值

你的价值不是工作了多少时间,而是做成了什么事、产出了什么成果。别人一小时完成的报告,你用了一个晚上,如果质量相当,那不会有人夸你工作勤奋,一开始只能评价你效率仍待提高,如果多次出现,只能评价为不可委以重任。至少是着急的事不能委托你来做。话又说回来,律师的工作大多是急活。因为当事人往往心急如焚,恨不得像买彩票一样,当天买当天开奖。

017

把师父当成女朋友,经常给他惊喜

要成长，需要更多的更好的实践机会，绝不能因为工资低就少干活，或者是应付工作。相反，工作要做得比你师父期待的更好。比如，让你两天交稿，你一天就交。比如，让你检索法条，要把相关案例、法官观点甚至学界论文都找出来，并整理出你的检索分析报告。

师父是你最大的资源和客户，做到让你师父感动，你就会成长得更快。

018

被不当指责不要急于辩解

谁都会有被别人不当指责甚至是诬陷的时候，尤其是师父因生气而指责你时，不要与师父争吵，更不要做重要决定，比如辞职之类，因为人生气时是听不进你的辩解的。静静地听着，分析整个事情是怎么回事，事后写个信息，发给师父。慎重考虑你能不能改变自己，如果沟通后，你和师父都不能改变，而且总是发生无理指责的事情，那就慎重考虑辞职的事吧。

在庭审时被法官不当指责，另当别论。遵守法庭秩序是法律要求，不要跟法官争吵，要做的是把我们需要表达的观点全部表达出来，如果不让表达，那就在庭审笔录上用笔记下我们的观点。如果不让写，那就拒绝签署笔录。当然，我还没有遇到连写也不让写的法官。

019

用纸和笔控制你的情绪

观察你的情绪。执业生涯中，总会遇到不该败诉的案件败诉了的情况，总会遇到被无端指责的情况，总会碰到不能立刻解决的问题。切记，我们是律师，我们是专业人士，要有职业精神，不能因我们个人心态不平，而影响办案或其他工作。戒骄戒躁，不能心如止水，也要忍辱负重，在特定时间段内控制你的情绪。怎么控制呢？当你生气时，找张纸，写下来，你为何生气，你能改变什么。当你焦虑时，找张纸，写下来，你为什么焦虑，你能改变什么。往往等你写完，就会觉得压力已经减轻了大半。

020

不要逞强

向别人求助并不丢人。有些案件，自己一个人是完成不了的，要敢于承认自己能力尚有不足，及时找师父或其他前辈帮助自己，这既是对客户负责，也是对自己以及自己的律所负责；有些案件，自己所在的律师事务所也没有能力办好，要第一时间跟客户说明，不要耽误客户。

路见不平不要急着吼。有的不平是客观存在，不要耿耿于怀。想想看，你能把上坡下坡全修成平路吗？人生而平等，只是一种理想状态，只是在某些意义上讲是平等的，不是任何方面都平等。即使是法律，民法中主体是平等的，但行政法、刑法中的主体也有不平等的。要认清这个现实，调整好心态。

021

认真对待小案件

不要不屑于做小案件。小案件不等于案件简单。一方面,不想做就不要接受委托,既然接受委托就要负责到底;另一方面,案件的双方当事人都可能是你未来的客户,案件的办理过程及庭审即是你宣传自己的平台;更重要的是,正因为案件小收费低,你才更有机会获得独立办案的机会(大案要案,你师父可能需要跟其他高水平的律师一起合作),这是你成长的必经之路。最重要的,老百姓的小案件,对于他自己来说,都是天大的事。解决小案件,同样是帮助别人。从小案件开始积攒你的经验和口碑吧。

022

与己斗,其乐无穷

可能你现在做着的琐碎工作，正在一点点消磨你的耐心与热情。我建议你拿出整理的第一份卷宗、完成的第一份检索报告、起草的第一份法律文书和你现在完成的做一下对比，是不是格式上更规范，内容上更全面，需要修改的次数越来越少。不能一味地跟别人做比较，因为所有人都在进步，而且每个人要干的事情也不相同，定期跟自己做比较，设定下次比较时要达到的目标，这样工作就会像打怪升级一样充满乐趣。

023

只学习、不玩耍,聪明孩子也变傻

放松心情，休息之后再工作，可以让你维持好状态，保持对工作的热爱。乐观积极的态度会让你比别人多做一些，也就多一些机会。

帮助放松的技巧有很多，如参加文体活动，练习冥想、打坐等。找一项你喜欢的音乐或体育项目，刻意练习，变成你的特长，不仅对身体好，还可能在某一天有助于你案源的开拓。

024

眼高手低,你可能没意识到

大家可能看过《令人心动的 offer》吧，即使是中国顶级院校出来的高材生，写材料照样会出现各种各样的低级错误。即使是前辈，对于同一案件，材料看三遍与只看一遍相比，对于细节的把握还是会有很大区别。不实践，不会知道每一件事都可能出错。举个例子，在当事人姓名这个问题上，很多实习生都会写错。去网上回答咨询，马上就会知道现实案件跟法律规定不完全一致。实践让你明白自己并不知道。到手的每件事都各不相同，完成同类事务的次数不够多之前，不能说自己掌握了全部知识，以前掌握的技能不代表你现在还掌握。

看影视作品，或者网上看庭审视频，看到涉法问题时，先暂停，假设自己是视频中的律师，会怎么做。

只有经常写，有意识地纠错，才可能逐渐减少自己的专业认知偏差。

025

不要人学亦学

学习是路，不是终点，不是目标。根据你的职业规划确定你所需要学的东西。有所学有所不学，不要人家学英语你就学英语，不要人家有讲座你就去听。应当是根据你的目标，确定你的学习体系。可以利用碎片化的时间，进行体系化的知识学习，但绝不能反过来，把整段的时间碎片化，或者只学体系中的一些碎片。法律是一个体系，我们专业人士与非专业人士的最大区别就是掌握知识全面与否，看一个法条要在一个体系中看，而不是断章取义。

扬长避短还是补短板？必不可缺的能力如果欠缺，应当补短板，比如法律思维能力、锦上添花的能力，要扬长避短，比如会不会说一口流利的外语，如果是有涉外业务，那就是必不可缺；如果是一般业务，那就不要优先学习外语。

026

以产出为导向

光看不写，如同黑瞎子掰苞米，掰一个掉一个。

对自己要有产出规划，以产出为导向。当天读，当天学，当天写下来，最迟是第二天写下来。不看材料而写下来的东西，才有可能是你自己的。

写出来有好处，一是帮助你学习；二是可以作为讲课时的讲义；三是可以作为学习成果来复习，在较短的时间内掌握更多的内容，而不用再重新看。

以输出倒逼输入。找到展示的渠道，比如写文章、讲课、总结，通过展示倒逼自己更认真，更有针对性地理解与看书，不要等到"学成了"再展示。

027

做好每一个案件的复盘工作

案件结束以后,千万不要归档了事,一定要仔细研读判决书,与自己的庭审预期进行分析对比,找出差别在哪里。对方文书也要仔细看,看看有没有问题,有没有值得我们学习的地方。

复盘有无实现客户目标,复盘和法官的沟通、庭审表现有无待提高的地方,梳理经验,总结规律,加入办案清单。

大声朗读判决书,有助于培养"法言法语"的语感。

更进一步的要求:有一定基础之后,试着写裁判文书。

028

哪里不会点哪里,哪壶不开提哪壶

刻意练习的核心理念就是哪里不会学哪里，直到学懂弄通。举个例子，正手球打得好一直打正手球，反手球打得好，一直打反手球，打一辈子可能也不如仅仅接受一年正规学习的小孩子。而刻意练习，就是每次都练一个或几个固定的动作，一直到练成肌肉记忆，再学下一个动作。绝不能一个动作练不好，就避开这个动作。马虎十年不如搞懂一天（吴清旺先生语）。

不要因为案件结束而停止研究。每一个案件中，凡是有疑点的地方，或者委托人、对方当事人、法官提出的问题，必须有一个明确的回答（知道以后在法庭上如何应对），只要不明确，就要继续查找资料，请教专家。这样做，一是可让案件的锻炼价值发挥到最大，二是日后碰到类似问题时更加胸有成竹。

029

不"迟"下问

不要因担心耽误别人时间而不敢去请教,但请教前请注意以下两点:

第一,避免你的问题总是空泛让人无从回答。不要去问如何才能成为一名合格律师或者如何办理民事案件,这需要写一本书来回答。你找不到小问题,那就先去检索大问题,再整理出你的结论,相信写的过程中肯定会遇到具体问题。

第二,作为同事,没有几个人会不愿意回答年轻人的咨询,除非你问的时机和方法不对。本着方便别人的原则,务必做到以下几点再去请教:(1)想请教先预约时间;(2)做出法律关系图和时间轴;(3)先自行检索、整理出焦点问题;(4)提炼出两种以上的观点。

在一分钟以内说完案情简介和焦点问题,然后根据对方的提问回答其需要的具体细节。还可以提前整理成书面文字,提前发给对方,再根据对方的时间请教。

030

在深入了解案情的情况下
旁听开庭

旁听的好处有三：一是熟悉庭审程序，不怯场；二是了解某个法官的庭审风格，做好自己将来在这个法官手里有案件的庭审准备；三是通过模仿提高自己的庭审能力。

以前只能去庭审现场旁听，现在通过中国庭审公开网就能看到全国各地各级法院的庭审视频。看看其他人在庭审中有什么问题，有则改之，无则加勉；同时学习别人在遇到突发问题时的应对方法。

有案件在某个法官手中，就多看这个法官的庭审视频，了解其风格及好恶。如果不了解案件，旁听只是解决了对庭审程序的熟悉问题，难以提高庭审能力。要想效果好，可以从本所律师的案件看起，你借来案卷研究后，再去旁听，知道法官为何这么问，对方律师为何那样说，这样收获才大。

031

书中自有黄金屋

律师要有广阔的知识面，因为你永远不会知道你遇到的下一个案子会是哪一专业或哪一领域的。

多读书，少读网文。网文发布门槛低，良莠不齐。同类书籍看得差不多了，再去看网文。

通过学习，提升自己的不可替代性。不断学习专业知识并培养可迁移的技能，探索自己身上远远超过平均水平的技能，享受自己的天赋并创造与他人真正的差异。

多读专业书，无论是教材、法条释义，还是律师办案经验书，能更快地让你积累本职工作经验，相当于多认了一个师父。

032

培养微习惯

分清哪些是每天、每周、每月、每年都要做的事，确定一下每天必做的事，放在每天的哪个时间做；每周必须做的事，放在每周几做，以此类推，设为每日提醒、每周提醒等。

每天早起先完成每天的最低任务再做别的事。设定每天必须完成的微习惯，比如运动三分钟，比如分析一个案例，比如静默三分钟，以增强抵制诱惑的能力。

微习惯与工作计划不同的是，微习惯通常是关于你未来的、重要但不紧急的事情，是增加你发展后劲的重要手段。而"微"这个字，就代表这个习惯在建立之初，一定要量小、用时少、强度低。

如果不能在规定时间内完成，其他时间可能就会被电话、会谈、饭局等占用，最后也会不了了之，就失去了微习惯的意义。

033

有所为有所不为

有的问题是谁也无法根本解决的（比如完全避免感冒），有的问题是自己无法解决，但是特定的人可以解决的（比如将不称职的人员开除），有的问题是自己可以施加影响的（比如改善工作环境），有的问题是自己可以解决的（比如自我能力的提高），有的问题是现在不能解决但以后可以解决的（比如购房资金暂不到位），有的问题是可以不解决而随着时间过去就自动消失了的（比如心情有点不愉快）。

重点关注自己可以解决的问题，一般关注自己可以施加影响的问题，找特定的人解决特定的问题，以后能够解决的问题以后再解决。解决不了的问题以及可以不解决的问题，就不要试图去解决。

025
034

判断一件事该不该做

所有的时间管理，最重要的是自律。有的事，不做可能比做更需要自律。

第一，不做或少做不该做的。做事之前，想想这件事应当不应当做，会节省很多时间。比如，吸烟、过量饮酒、无节制的游戏、超长的肥皂剧等。凡人不可能不休息、休闲，所以完全戒掉这些也不太可能，那就尽量少做。不是每次聚会都需要参加，不是每部剧都需要看。

第二，有些事需要做，但不需要过于频繁。比如跟同样的几个人隔三岔五就在一起长时间的聊天、吃饭。天天应酬是没必要的。这不是不让你跟别人交往，而是让你认识更多的人。跟同事吃饭，尽量请年长者吃饭，可以多学习一点知识或者是人情世故。跟同年（与自己基本同时期入所的实习律师）吃饭，一定要避免互相诉苦、抱怨。

035

事分轻重缓急

工作计划里要明确第二天最重要的一件事。根据紧急程度与重要程度四象限的说法，主要精力不是用来做最紧急的事，而是最重要的事。而重要的事，就要保证你的时间和精力分配到它。你的精力在全天每个时段是不一样的，选择在自己精力最饱满时去做最重要的事。

需要深入思考、创造性的工作，必须安排大块的时间来保证效率。比如写代理词，最好是开庭后当天晚上就写，或者是开庭次日早上起来的一整段时间。

只要是今天必须做的事，就马上开始做、不拖延。拖延会让你的压力和焦虑倍增。你发现没有，你拖延做的事，往往是重要的事，必须要做的事。

036

一次只做一件事

一次只做一件事。不可能同时处理两个需要用脑分析的工作,比如跟当事人打电话解答咨询时研究另一当事人的案情。当然,能同时做的几件事,大多是简单和被动的事情,你可以同时处理用力和用脑的事情,比如散步时思考案情。

不要让突然而来的想法、主意影响手头上的工作,应把它记录下来,在方便的时候再考虑。切忌小猫钓鱼似的一事未成去办另一事。

三分钟能处理完的事情立刻去做。一次处理,只处理一次。比如,所有文件、资料只经手一次便处理好,可以采取以下行动之一:(1)归档;(2)执行;(3)传阅;(4)废弃。切忌阅读后不做处理,留待下次再阅读、再处理的重复工作。案件资料不可能马上处理完毕的,那就先不看,留出适当的时间专门阅读处理。

037

按规律、按流程做事

找出某类事情的规律和方法，按规律办事。

总结每一件事的流程与注意事项，按流程办事，并不断优化流程。

寻找、使用并不断完善常用文书范本。

总之，利用规律、流程、范本等来提高效率的同时，也能提高准确率，少犯错误就是节省了返工时间。

038

每日计划必须有明确的时间与可量化的任务

时间管理的目标不是让你不休息休闲,是让你把必须完成的事情先完成、做好。

头一天做好第二天的计划。要主动问自己师父明天需要做什么。师父不说,自己也要考虑,师父交给我的事情,我做完了没有,师父的哪个案件我还可以做哪些检索、分析工作或者调查工作,师父有没有卷宗需要整理。

不要这么写计划:明天看合同法,明天研究某某案件材料。而要这么写:明天几点到几点看合同法的哪些条文,要写出多少字的分析;明天几点要看完哪个案件材料并梳理出人物关系、时间线。

当天能完成的,一定要完成。凡是一天本来就不能完成的工作,一定要根据截止期限,倒排工期,每天完成一部分。

039

先完成再完美

如果总想着写出百分百满意的材料，很可能会超过规定的时间还拿不出来，客户的需求也会随着时间的流逝而变化。只要基本思路有了，拿出框架，就要动笔开始写，给自己设定一个时间，在单位时间内竭尽所能完成一版。你的思路在短期内可能永远比不上你师父的思路，与其自己辛苦修改但质量一般，不如在认真思索后尽快提交初稿给师父，然后根据师父的意见再修改。

040

不在琐事上花费过多时间

比如今天吃什么。一般来说我每天的午饭就是三个包子，不用费心思去选择，快速方便；比如今天穿什么。一直穿同一种款式衣服的，毕竟难以做到，但是可以少一点花样。男生完全可以两套西装换着穿，几件完全一样的衬衣轮着洗。

不要因为琐事跟别人吵架、生气；购买日常物品时，不要用时过多地去比较；少买东西，凡是在可买与可不买之间难以取舍的东西，都是可以不买的。

将自己的简历与联系方式（含律所名称、电话、邮箱、地址、微信、交通方式等）、律所开票资料及银行账户、同事姓名及联系方式、收款账户及提示性信息放在微信收藏，之后一键发给客户可有效节省时间。

041

合理利用时间

第一，利用等待的时间。律师经常需要等，因为怕迟到所以提前到。等开庭、等书记员下来送文书、等法官回办公室等等。这个时间，可以处理随身携带的材料，可以用来看一篇判决或几个法条的理解与适用。总结法官的工作规律，在他更愿意接电话的时间打电话，在最可能找到他的时间去找他。

第二，避开高峰。无论是通勤还是排队午餐。

第三，不要时时盯着社交软件，不要频繁查看邮箱。可以跟你师父说，有急事打电话，这样你可以每过一个小时看一次微信、短信、邮件，集中处理别人安排的事务。再比如在非工作时间或劳累时集中刷一波朋友圈。

042

花钱"买"时间

使用更多更好的工具提高效率。比如,高配你的电脑,速度快;比如,买正版软件或买 VIP 会员,不仅功能多,而且去广告。

还要学习使用电脑及软件里的技巧,可以达到事半功倍的作用。比如花十分钟来学习如何检索。

如果条件允许,花钱办事。比如生活中找人做家政,打车出行。

工作中有的事项比较专业,而且师父对质量要求较高时,最好找专业人士来干,花点钱,使用更多更好的工具来提高效率,当然你也要学会使用电脑软件里的技巧。

043

整理

第一，保持整洁有序。资料都按固定的位置和顺序摆放。有段时间，我发现几乎每周都要浪费不少时间翻找卷宗，后来我下决心梳理，把卷宗编号排序。本案的材料务必放在本案的卷宗内，不要另起炉灶。收到纸质材料变成电子版，及时上传，省去日后找不到纸质版的麻烦，节省找卷时间。

第二，原则上，案件卷宗以外的材料，只要不是原件，都不需要保存。比如，把它们变成 PDF 文件，存到本地电脑并上传到多个云端，随时检索调用，且文件命名一定要规范，并且要设置标签。

第三，扔掉不必要的东西。凡是在扔与不扔之间难以取舍的东西，都是可以扔掉的。

第四，每天下班前整理好桌面及办公室。第二天上班马上进入工作状态，而不是把精力最好的时间用来打扫清洗。

044

早出晚归好处多

第一，据说郑渊洁先生每天四点起来开始写作到六点半，坚持了32年，每天在别人没醒时就已经完成了自己当天的创作任务。白天电话、拜访、开庭等，往往会让律师无法静下心来写材料。所以最好的写作时间是早上八点半之前以及下午五点半之后。

第二，上班之前和下班之后，往往蕴含着不少的案源机会。你的同事就是你的潜在客户。仔细观察就会知道，有一些前辈会早出晚归，如果在事务所恰好需要有人帮助，别的年轻人已经下班或还没有上班而只有你在场时，前辈可能就会将案件交给你帮忙处理一些事务，机会就来了。

第三，避开交通高峰，节省通勤时间。

第四，确保师父可以在办公室找到你。

045

日记,记录"美好"生活

第一，书写日记促进反思。通过日记反省一天做对了什么、做错了什么。如果出现疏漏，除了努力寻找补救办法以外，还要吃一堑长一智，水平就是在这个过程中逐步提高的。

第二，日记还有助于统计你的时间都分配在哪些地方，办案、学习还是沟通，或是游戏等其他。

第三，有时会出现几年后你的一个客户问你某个时间段的案件办理情况，如果没有工作日志，那就很不方便查找。

第四，写日记可以提高写作能力。

第五，记录思维的火花，有一天可考虑结集出版，比如我现在做的。

第四章

人际关系

总括性的问题
与师父
与领导和同事
与法官
与客户

046

做人与做事

第一，不做对他人有害（不良影响）的事。

第二，做对他人有益的事，多多益善。

第三，做事要主动。先表示诚意和善意。

第四，希望别人帮助你，你先帮助别人。切记，这是对你自己的要求，不是你对别人的要求。你不能施恩惠就马上要求别人对你施恩惠，因为你控制不了别人。

//047

有害影响清单

所谓有害，就是对环境、对别人产生不利的影响。以下是有害影响清单，请对照检查反思自己有没有：

奇装异服，搞怪发型；交头接耳、抖腿、吧嗒嘴、转笔、敲桌子；公共区域大声讲话、大声打电话；

开会迟到，身上有异味，在公共区域吃有异味的东西；毒舌，恶语伤人，诽谤，挑拨是非，吹牛，诋毁别人；

炫富、炫特权、炫自己的知识；直呼比自己年长的人的名字；

与人说话时三心二意不专注；贪功，有功劳有成绩说成自己的；推责，有错误说成别人的；总是抱怨集体、领导、他人；嘴不严，爱传话。

每天对比一下，自己有没有上述有害行为。

048

有益影响清单

最重要的就是主动帮助别人。即使你没多少经验，也可以找到内容跟同事共享，比如今天去法院立案，法院有什么具体的要求，回来后整理出来，分享给同事。即使你没有多少经验，你也可帮助同事打字、复印、检索法律与案例，也可协助同事接待当事人做笔录。

不动声色地帮助别人更为高级。做好事不宣扬，宣扬可能会令接受帮助者难受；为集体做事。比如，积极参加集体组织的活动、参加文艺会演等；感恩别人与赞美别人；有错敢于背锅；慷慨，比如请人吃饭或送小礼物；每天早上想想我能为师父、当事人、同事主动做点什么；每天晚上想想我今天为别人主动做了什么。

049

徒弟行为准则

师父是你入门时、翅膀未硬时最大的资源、最大的客户。助师父成功更能增加你成功的概率。

忠诚，不背叛；不背后说师父坏话；为师父保密；积极主动地完成师父的安排，不能完成的提前告知；不嫉妒师父的成就；如有不理解的地方，主动与师父交流，有不满不憋在心里。

不动声色帮助师父。比如，师父有错误，一定私下尽早告诉师父。既要照顾师父面子，也要避免因师父的错误造成损失。再比如，随身带着师父的名片、手机、电脑充电设备，以备不时之需；文件格式、操作系统等要确定可以和师父及队友无缝对接，跟客户交流也是如此；主动吸收有用的信息给师父；找到你师父不擅长的事情，如果你恰好擅长，而且能帮助师父，那就完美了。

050

闭环式工作

是否通过汇报的方式将工作闭环,是看人办事靠不靠谱的重要标志。

事事有回音:收到任务第一时间回复"收到"。该办的事情没办,要汇报。不管办得怎么样,都要在指定时间汇报,未指定时间的,至少要当天汇报。

事事有优化:每件事办完都要记录整理,看看有没有可以优化的地方,能不能总结出对下次办同类事件有帮助的规律。

事事有归档:一次性事务记录在日志中,可能继续使用的材料按事归档,以方便日后使用。

051

服从但不盲从

执行师父布置的任务，不要无端质疑，有疑问可以问，但必须要执行。如果想提意见，请在截止日期之前尽快带着方案与师父交流。

不要过分依赖师父的讲解。师父说的话肯定不是全部正确，但从概率上讲，比你的正确率要高。所以，对于师父安排的任务，一定先去做。但事后要反思，对还是不对，有没有方法比师父说的做法更好更快地完成任务。尤其是现在法律变化较快，法官裁判观点也在变化，用老思维可能会掉进经验主义的坑里。

052

你从师父那里得到的远不止工资

翅膀未硬之前最重要的是得到实践机会，不要给师父办个事就要钱，没钱就不愿意动弹或者应付了事。

你跟师父并不是真正意义上的合作关系。师父交给你办的事，如果他自己做可能花的时间更少。尤其是修改你写的文件，有时甚至比他自己写更费时间。如果是让你与当事人、法官直接沟通的事情，你还可能会惹怒当事人或法官，师父往往要为你摆平你所留下的麻烦。师父要花时间和精力来教你，所以不要时时提及多劳多得。事实上，你多劳，你在执业能力上收获就越多，这也是得。

你现在一年的工资可能比不上五年后一个月的收入。

看长远点。

053

欲责人,先省己

整理一下,此前师父交办工作你实际所花的时间,统计一下按时交工率、平均延迟多少时间的次数。

统计一下完成工作因错误而返工的概率。

整理一下你犯的错误,结合清单自查,尤其是重复犯过的错。

反思自己有没有举一反三的能力。比如师父指出了文件中的一个错误,你在修改后有没有从头再审查一下是否有其他错误。

054

为什么师父不愿意把案件交给你办

师父最开始并不完全了解你,所以要把你擅长的方面告诉师父。若师父了解你后,还不愿意把案件交给你,那就要分析你是不是跟师父不"兼容"。(详见附录一,师父不喜欢你清单)

找出原因后,尽快与师父"兼容"。

055

与师父相处之道

你的师父难保你肯定喜欢。如不喜欢,本着虑、立、破、转、离五个顺序办吧。

上文有师父不喜欢你清单,对比分析,如果是你的原因,立即改变自己。

人微言轻。在你一事无成时,不要急着让师父改变,他不会听你的。先站稳脚跟、提高能力、做出成绩,得到大家的认可。得到认可后再有技巧地试着让师父改变。如果师父还不改,你又接受不了,可以转部门,再不行,离开所。

总之,对待你不喜欢的师父,最好的做法就是让你的成绩晃晕他的眼。

056

热爱或者离开

律师事务所,是由合伙人、普通执业律师及其他工作人员组成的。一个律师做得好,大家不一定认为这个事务所好,但如果一个律师做得不好,大家可能就会评价说这个事务所不好。所以一定要谨言慎行,不能给集体抹黑。

如果你觉得这个律所存在这样那样的问题,你可以找师父寻求解决,如果师父无意解决或无力解决这些问题,而你又不能理解师父的做法,你可以选择离开。不要抱怨律所和师父,更不要消极怠工,那样的话吃亏最多的是你。记住,你的未来由你买单,而不是你的师父。

057

如何增加律所领导(合伙人)找你办事的概率

先让领导认识你；在交流时直视领导眼睛；定期做出成果交给领导看；尊重领导，领导讲话时注意自己的举止，不要看手机、报纸等与讲话无关的材料，更不要交头接耳；师父和领导常看的东西，自己最少要看一次。

对照有害影响清单检查自己有无有害行为；检视自己有无一技之长，没有，那就从现在开始着手，争取使自己尽快有一技之长。

058

职场相处之道

主动帮助别人做别人不愿做的杂务。

相比于送前辈小礼物,帮他解决小问题显得更为关键。

送同事小礼物,同时也帮助他们干活。搞好同事间的关系,不仅让你工作氛围轻松,还可能会有合作的机会,哪怕只是一个案件讨论的机会。

将你的研究成果写出来,交给前辈审阅,相信你会获得更多的实践机会。

059

与法官的相处之道

法官要的是安全、省心。给法官的文书要使用法言法语,省去法官整理你观点的时间。要提交可编辑的文本,方便法官和书记员摘录。

打官司,有话最好在法庭上说,动辄付诸公议,绑架舆论压制法官,不是聪明之举。不要指责法官,律师是"运动员",动辄指责"裁判",不是好习惯。但话说回来,如果法官强蛮,置法与理不顾,则另当别论。

配合法官的工作,做一个好沟通的人。

060

为什么法官不喜欢你

不专业，包括：发表意见太啰唆、重复发表相同观点、证据无目录、证据无页码、提交文件不提交电子版、面对确凿证据仍然胡说。

不诚信，包括：动不动甩锅给法官。

不配合，包括：动员当事人投诉法官、动员当事人信访、阻拦法官给当事人调解、一件事情天天催法官。

不尊重，包括：开庭时不听指挥、当场顶撞（对女法官尤其需要注意）。

061

与当事人的相处之道

有些当事人需要的是被倾听和心理慰藉，而不仅仅是法律咨询，尤其是个人法律事务，比如离婚、家庭纠纷；如果是商务纠纷，在对方说了一段后，可以做简单推测式询问，比如出现了什么问题，是供货质量，还是延迟交货。但只是为了表明你对于此类案件常见纠纷比较熟悉，不是让你打断对方、不让对方说话。慎重对待当事人的问题，耐心听讲，然后尽快给出一个比较确定的答复。这个问题到底怎么回事？如何维权？是否无效？是否违约？能否胜诉？当然，有的问题比较复杂，不会是唯一答案，那至少要有倾向性的意见。最后还要看是否达到预期目的。

062

知己知彼，对症下药

想客户之所想,才能急客户之所急。如何了解你的客户?查询他的工商信息、朋友圈、中国裁判文书网、其他官方网站;查询他所在行业的信息,包括新闻、国家部委相关网站信息。如果有朋友恰好和他是同行业,可向朋友了解相关信息。看小说,与他行业相关的小说里,会提到一些有用的信息。关注客户的团队、运转机制、工作和沟通习惯。

不仅要解决问题,而且要让客户知道你高度重视他的事,优先处理他的事。由于案件不可能全部胜诉,所以快速反应特别重要。

组织客户的目标与工作人员的目标不一定是一致的,要考虑"领导责任"和"经办人责任"。你着急,工作人员不一定着急。组织客户,各种文件盖章都需要请示汇报,所以事事都要给他们留出请示汇报的时间。另外,汇报事情不要只给一个人汇报。

063

尊重但是不要轻信当事人

收到判决、开庭传票等法律文书第一时间汇报给当事人,并以短信、邮件等书面形式保存证据。

当事人可能会隐瞒对他不利的事实,而这会让你在办理案件过程中陷入被动。所以,尽量考虑对方可能会提出的抗辩理由,逐一跟当事人落实是否存在相应事实。

一定要把办案的过程以及与当事人的沟通证据保存下来。时间跨度大的案件,让当事人签署工作记录单。

不接收当事人的原件。尽量不拿意向客户与当事人的证据原件,让他自己或他信赖的其他人带着出庭。

064

为什么客户不喜欢你

玩失踪：不能急客户之所急；拨打电话无人接听，且后续无回应；以下班、休息、休假为由拒不及时办理客户所要求之事。

不专业：宁肯胡说也不肯承认不懂；打保票却无法兑现；持应付心态、做差不多先生；不能向客户一次性说明需要的材料以及问题。

065

识别客户

怎样识别优质客户？尊重律师，认可律师的专业知识可以帮助他，愿意按行规付费。

以上三条任何一条不具备，都不能算优质客户。比如倾向于选择信访的人员，他们是不相信法律可以解决问题的，只相信信访。比如有的客户不认可律师的专业知识，只为了打点关系。比如有的客户无正当理由欠别人钱，那你要当心了，他可能也会以同样的手段欠你的律师费。但是即使是非优质客户，默默远离就好，不要在公共场合（包括办公室）抱怨客户，传播负能量，更不能以此为借口接受委托而不尽心办案。

这里有一个提醒，有的客户可能尊重执业律师（比如你师父），但不尊重实习律师（比如你）。这个你要忍，你要寻找机会证明你的专业能力。

066

学会差别对待

还没形成委托关系的当事人，没有义务详细回答他们的咨询，时间就是我们的生命。之所以接当事人电话咨询，更重要的目的是让当事人与你见面，不见面的当事人是无法信任你并达成委托关系的。面谈的唯一目的是签约，而不是给他提供免费咨询，除非你认为这个案件不应当接，那也应当收咨询费。

本书没有特别说明的"当事人"，都是指形成委托关系的当事人。我们不使用客户两字，是因为离婚、继承等案件当事人，心情沉重，你把人家叫客户，可能会让人不舒服。商务案件，叫客户没问题。

第五章

工作技巧与感悟

总括性的问题

具体工作

市场拓展

执业感悟

067

首战必胜

同事、师父、客户交代的第一件事,一定要办好,言必信,行必果,否则会被认为这个人不靠谱。第一印象会跟一辈子,往往只有这一次机会,扭转得花费很多努力。你会说,不可能什么事都办好,对,这是对的,但在别人对你有了好印象以后,万一出点差错,如果沟通得好,别人可能会理解你,以后还会合作,但如果第一次就出问题,那很可能就没有第二次机会了。

　　不只是第一件事,要尽力做好别人交代的每一件事。每一次委托都是一种信任。

068

不要做"过期食品"

把握好时效、期限，千万不能让案件在自己手里超过法定期限，否则没人会原谅你。

怎么才能不过期？

在最开始接收案件、接收开庭传票、接收判决书时就计算届满日，再计算出倒数第三天、第七天甚至第十天，记录在日程中，并提醒师父、当事人以及自己的合作者。

069

比约定的时间更早到

开庭至少提前二十分钟到法院，早到会让你气定神闲，更有主场的感觉。曾有开庭迟到五分钟被做撤诉处理的（原告），也有被按缺席审理的（被告）。

遇暴风雨雪恶劣天气时，开庭前一天我会选择住在离法院最近的酒店。异地开庭，至少要在开庭前一天到达，选择住在离法院最近的酒店，并走着去法院实地考察，防止第二天堵车。

与当事人约见，务必早到，因为当事人可能早到。与师父、同事约好时间碰面也建议早到，宁可你等对方，不要让对方等你。

070

兵马未动,粮草先行,随时做好战斗准备

不是端坐在办公室的工作才叫工作,要培养在任何场合都能专心干活的能力,做好随时"作战"的准备。我曾经在凌晨两点被叫起来前往当事人指定地点"救驾",我也曾在国庆节游览景区时被通知修改文件,更曾经在打球时被叫去派出所陪当事人。

公文包里至少要有身份证、实习证或执业证、名片、你师父的名片、银行卡、现金、手机充电宝、充电线、大容量U盘、笔记本、笔、面巾纸、空白笔录纸、空白委托手续(代理合同、授权书、法定代表人身份证明),最好能随身携带笔记本电脑。如果有车,车上要放一套稍微正式的服装及鞋子,总不能身着运动装去开会。

071

只用一个笔记本做记录

曾有一位日本先生写了一本书，这本书只讲了一件事，就是只用一个笔记本，记录所有应当记录的东西。直到这个笔记本满了，再换下一个。律师工作多且杂，只有做好记录整理工作，才不至于发生混乱、遗漏。

不过，小心你的便利贴随风而去，建议还是用一个笔记本记录。如果担心笔记本会丢失，建议每天晚上都把当天的笔记拍照留存。

072

保证在线

第一，电话、微信、短信、邮件要确保时时在线。

为了工作效率，如果是写材料等不愿意被打扰时，可以接电话后说"现在不方便，回头打给您"。

如果因开庭、开会、开车不能接听电话，要在结束后第一时间检查有无未接电话、未回短信、微信及邮件，务必立即响应。对于复杂的无法立即答复的问题，先表示"收到"，然后在24小时之内正式回复。

第二，接收任务，要跟对方确认工作事项。但确认要讲方法，不是让对方复述，而是你来复述一下刚才布置的任务，让对方听一听有没有问题。

第三，除了确实需要外出办事，人要经常出现在办公室，确保你的师父或同事能及时找到你，而不是发现你不在后给你打电话。

073

自己制作百错表

人有百宝箱，我有百错表。每犯一次错，都要记在表格中，每天都反省一下，是否有犯重复的错误。

百错表可以按日常工作、文书处理、沟通、开庭等常见类型分类填写。比如在文书写作中犯过哪些错误，下次写作前看一遍错误清单，交稿前再核查一遍，可以让你少犯错。

（百错表之文书，是我根据实习律师最常犯的错误而整理的，见附录二。）

074

沟通,细节之处见真章

不论是打电话还是见面请自报家门,递名片。

发短信、微信、邮件一定要署名;邮件标题要表明发件人身份以及主题;对方未接你电话时先发个短信告诉他你是谁,刚才打电话是要说什么事。

沟通重要事项之后马上形成备忘录并在当天发给对方;不要给对方发微信语音,要发文字,除非对方喜欢听;发完邮件,电话告诉对方一下。

给当事人的材料,要用邮件发,即使用微信发了,也要再用邮件发一遍。邮件方便统计,方便查询,微信可能出现超期不能打开文件的情况。

如果别人拜托你的事你觉得不能胜任(不想干),立即拒绝并客气地说明理由。

075

文书写作规范

不管向谁提交书面意见,有话则长,无话则短。确实因为内容多而必须要做长篇大论时,也要做好目录、摘要并注明页码,方便别人有选择地阅读。

标题直接表明立场,不要把重要观点隐在文章中间。例如,比较以下几个标题,分析哪个更方便他人阅读。(1)本案合同无效;(2)本案合同因违反《合同法》第五十二条第(一)项而无效;(3)关于本案合同效力的问题。

给法官的文书,使用法言法语。如果法官想引用你的观点可以直接复制,而不是让法官去花时间整理归纳你的诉辩意见。

把文件里的特别关键处使用不同颜色或高亮笔突出。

在给非法律人士的文件中,不要表述太多的专业术语。

给别人的文件超过两个一定要编号,比如附件一、附件二。

076

巧用录音、录像设备,准确传达信息

不是让你偷录。信息传递中总会有一些信息遗失,如果你的师父、客户语速极快,建议你录音或录像,并对照录音整理你的记录或者使用手机速记功能,比如讯飞输入法的语音转文字功能。但以上这种情况必须提前征求对方意见才能录。

给对方当事人打电话时注意录音取证,一方面是取证,另一方面也是告诉你的当事人你并没有胡说八道。

077

设身处地出方案,法律意见不例外

站在当事人角度,去思考如何解决问题,而不是只提出问题。不能光说不能这样干,还需要提出解决方案。

法条是怎么规定的,本案事实与法条规定的要件是否相符,因此法律后果是什么——不要废话,有法条直接上法条,没法条很可能是你没找到。确实没法条,可引用先前案例。

给出三个选择。不论是给客户提供法律意见,还是助理给师父分析意见,最好提供两到三个选择项,并能够用最短的话比较各个方案的优缺点。

078

有迹可循的办案指导

先看各级律师协会的办案指引，所内其他同事的卷宗、书籍。指引太枯燥，那就再去看判决文书，有情节，有证据目录，有起诉状和答辩状，有法官的观点。判决太多，那就直接看判决观点集成。

当然，这是纸上谈兵，最终的经验还是源于你的实践，以法条为中心、以判决为指引的实践。

如果取得法律资格前没有研读法条，一定要买法院或人大法工委对法律逐条解读的书来通读。

079

文件命名，未雨绸缪

命名时要想着"便于检索"四个字,这会节省大量查找文档的时间。

举个例子,一个案件的代理词,命名为:原告(原告的名称简写)与被告(被告的名称简写)买卖合同案(案由)代理词(文件性质)某某某(执笔人姓名)201903250935(文件起草的日期和时间)。如果是二审,那就在案由部分加上二审,变成"原告与被告买卖合同案二审代理词某某某201903250935"。如果是另一个律师在第二天十点半又修订过,那就变成"某某修改原告与被告买卖合同案二审代理词201903261033"。

总之,在命名时不要怕麻烦,以方便日后检索。

保存在微信、印象笔记或者其他云存储工具中的,都要加标签,而且最好加两个以上的标签。要通过标签来提升检索效率。

080

文件保存,狡兔三窟

硬盘、U盘会损坏，会丢失，会中毒。为避免损失，文件、图片等，最好设置成自动上传到百度网盘、印象笔记或其他云端工具。WPS等软件，设成自动存储到云文档模式。

早年我用雅虎邮箱存储了我们同学聚会的录像资料，后来，雅虎关闭了服务。所以至少要存两个云端。

云存储另一个好处就是，可以随时随地调取资料。

异地办案，必须保证两种以上的存储介质，防止文件丢失或损坏。

081

四招避免低级错误

如果标题或抬头或前言有错误，客户会很可能就没有兴致看下去了，这说明你的文书是个残次品。其他的低级错误，包括把客户名称、日期写错了，应当空格的没有空格，没有页码等等。

自己写的材料，从起草到修改，看了很多遍之后，很难看出问题来。除了请别人审查外，还有以下办法：第一，过一天再看。第二，使用专业的软件排除文法错误。第三，大声读出来。读的过程中你肯定会发现以前没有发现的问题，比如语句不通顺，有错别字等。第四，使用本书介绍的百错表核查（见073 自己制作百错表）。

发送正式文件前先发给自己（邮箱或微信），再从收到的地方打开文件确认一下是不是最终版本，然后再转发。这样可以避免发送错误的版本。

082

厚度体现态度,颜值代表价值

以被告立场审查原告诉状,以原告立场审查被告答辩意见。站在法官立场考虑会怎么判。站在师父的角度想,他让你写的材料需要突出哪些方面。站在客户的角度想,他让你出具的文书想达到什么目的。分别站在法官、师父、客户的角度想问题,搞明白文件受众。

厚度体现态度。找出自己准备的文件范本库、案件材料,检索类似判决。多看一些,就知道类似案件的常见争议点、常用法条,常用的起诉理由、答辩理由和证据。

颜值代表价值。文件不仅要严谨还要美观,一是利用好页码、字号、行间距让阅读更便利;二是合理利用色彩、图案搭配。

083

开庭要点是说服法官,同时也要注意对方动向法官常年审同一类型案件，对于类似的案件他的心中都有样板。如果我方主张的事实不幸与样板不符，法官可能会有疑问，这时必须要解除法官心中的疑问，让法官更愿意相信我方的故事版本，这样才能让他觉得安全。

对于法律适用的争议，一定要找到权威的解释和最相似的案件判决，来帮助法官确认我方的观点。

所以，开庭焦点不要放在对方身上，而应重点关注法官问什么，法官对什么感兴趣。我们不是为了去说服对方。

开庭时带着调解方案，努力实现双赢。如果调解有难度，那就将目光放长远点，考虑后续执行问题，无论你是原告还是被告。

084

庭审注意事项清单

做足准备功课。把开庭必备的文件、证件列个清单,每次开庭前都要对照核查。本书后附笔者的庭前准备表,你可以根据实际情况完善这张庭前准备表,详见附录三。

庭审注意事项清单,详见附录四。

085

可视化表达

相对于听觉型来说，大多数人是视觉型的。一个图表表达的内容虽然没有文字表达的全面，但足以让人们在10%的时间内掌握80%的内容。三个以上的主体，要有法律关系图。三个以上的时间点，要有时间轴。熟练掌握制图工具，将想要表达的内容通过可视化的方式进行表达很重要。

086

研究中院判决同样很重要

研究中院判决。最高人民法院和省高院的判例有很多人研究,但中级人民法院的判例未必有很多人整理、分析。律师完全可以结合自己的专业方向,有意识地收集专业方向的判例,争取做到对当地中院这一级别对相关法律关系、法律难点、法律争议点的倾向性观点了如指掌。做好这点对预判案件走向会有很大的帮助,尤其在案件风险代理时会给你带来很大的底气。

087

这是一个刷脸的时代

你必须看起来像个律师。至于什么是律师形象,看看中外律政剧,就可以知道,普通大众对于律师的印象就是正装。

088

主动咨询,一箭双雕

看到当事人走近律所，主动上去"嘘寒问暖"，先大胆地接待，现实中没那么多解答不了的深不可测的问题，锻炼你的应变及沟通能力，此为一雕。遇到不会的，不要担心，也不要仅凭猜测答复，找个前辈帮助你咨询，这也是跟前辈建立密切关系的方式，此为二雕。

089

报价也是一门艺术

律师是自收自支，付出要有回报，这是天经地义。不要不好意思，不好意思是对自己能力不自信的反应。

报价时要综合考虑当事人的接受能力以及自己的原则，提供两到三种报价方案，比如固定收费、风险收费、半风险收费、一二审打包收费等等。

收费时要说明收费标准，甚至可以用计算器当场计算，小数点后面两位都要清清楚楚（即精确到分），切忌与当事人讨价还价。如果价格有变，要明确给出理由，以免当时觉得态度随意，还有压价空间。

090

见面三分情

腾出时间去对方的办公室或在办公室附近见你的客户、朋友、同学，比单纯的相约某地见面要好得多，比纯粹的电话、微信沟通效果更好。电话里拒绝的概率远比当面拒绝的概率大得多。见面—电话—微信或短信，三种方式里，可传递的信息在逐级衰减，因为受众看不到你的表情，听不到你的语气。

当然要预约，还要定期见面，见面前做好面谈准备。

091

借东风

含义有二。一是东风不来,要耐心等待。实习律师的主要目标是提高执业能力,而不是揽案源。想想看,在通常情况下,病人会找一个实习大夫看病吗?

二是想想看你的律所有什么特色优势,如何为你所用。看看你的师父、同事有何优势可以为你所用。你自己不能办的案件,不代表你的师父、同事不能办理,找他们帮助你。

092

利用网络咨询积累实务经验

现在各种互联网解答法律咨询的平台很多，如果抱着发现案源的功利性目的，可能多半会事与愿违，但是如果你没有办案经验，在线解答问题会使你在短时间内接触较多的实务咨询，会让你知道从哪里入手学习，能让你的认识与解答更接地气。对于常见的比较典型的问题自己研究并发表一下，只要有水平，总会有人搜索到。日积月累，会有帮助。

093

不花钱的营销真相

口碑是最好的营销。你的办事能力、给人的印象都可能让当事人帮你做宣传。熟人、朋友的介绍是很有效且不花钱的营销。

写文章、微信公众号、微博、博客，见效也快。

见效更快的可能是面对面讲课，可以去找机会给别人免费讲课。

当客户和你交换微信名片后，朋友圈也就成了客户了解你以及决定是否选择你的重要途径，此时如何经营好朋友圈就是你重要的营销手段。你分享的每一篇专业文章都可能吸引潜在客户，你展示的信息决定了他人会给你打上怎样的标签，这些标签也在塑造你的个人品牌。

具体参见附录五：市场拓展自查清单。

094

社会交往促进案源开拓

获得案源的前提是信任,而建立信任最直接的办法就是一起共事,一起参加一个活动(不管是座谈还是饭局或是其他活动),通过面对面沟通建立信任。如果觉得自己号召力欠佳,那么律所安排的或者别人邀请的一些活动尽量参加,不要功利地认为没有案源的社交都是无用功。

当然,随着能力的提高,组织一次活动远比参加十次活动更能让人记住你。

095

只有相信自己做的是伟大的工作,才能够安然自得律师每天都可能遇到困难、败诉、被无端指责等令人沮丧的情况，每天还很忙，如何才能保持斗志？

乔布斯在斯坦福大学做过一场毕业演讲。他说："你的工作其实将会占据生活中很大一个部分，你只有相信自己做的是伟大的工作，你才能够安然自得。"他说的这个伟大的工作，其实就是我们人生的目标，或者说我们生活的意义。

定纷止争，追求公平正义，就是律师的意义吧。不是为了钱而做律师，才会让你几十年如一日。

096

律师、律人、律己

律师要努力让自己的当事人在每一个司法案件中都能感受到公平正义，要在法律许可范围内最大限度地维护当事人的合法权益，但我们没有义务保障对方当事人感受到公平正义。既然无法兼顾多方利益，就不能"神圣化"律师职业。

但是，如果律师用了不合法不正当的手段赢得了不应当赢的官司，引起案件当事人甚至是社会公众对整个法律制度和司法体系的不信任，长远来看，对于哪一方的律师和当事人，都不是好事。这个职业，虽不神圣，但绝不能助纣为虐、为虎作伥。

097

律师三段论

律师的三段论：学习、办案、沟通。年轻律师，办案可能会占到一半甚至更多的精力，但是既要低头拉车（办案），又要抬头看路（学习）。

条条大路通罗马，而有的人出生在罗马。你苦苦思考得来的结论，可能只是别人的基础课程。思考绝对代替不了学习，用学习省去自己思考的时间，尤其是早就被研究透彻且有定论的东西。

只有被信任，才会有委托。即使是律所内部之间的案件合作，也要案源律师认识你、信任你，才有可能把案件交给你或找你合作。没有沟通就没有信任。没有沟通，案件也办不好。

098

你以为的"你以为"只是你以为

不要轻易说"我以为,我认为,我觉得,我猜测"。作为年轻律师,你的想法不重要,重要的是法律条文是怎么规定,判决是怎么解析法律条文的。师父让你落实某个问题,就要查法条和判决,不要无法律依据地推理以及无证据地推断。年轻的你要记住一句话:你以为的都是错的(虽然这么说绝对了点,但是容易记)。时刻提醒自己这句话,再去想办法做事。

099

不检索就答复不可取

责任心、敬业心是我们的最低要求。

总有我不知道的变化,要检索一下才心安。

法条会修改,判决观点会变化,直接套用,往往害人。不能用经验代替检索。

另外,文件中提及的法条,在发出前必须检索一下,看看是否是最新的版本。当然有一些软件,可以方便地查询对比,也可以考虑使用。

没办过的案件,更不能用法理、用想当然去答复当事人。至少找30个以上的类案判决,归纳出此类案件常见的争议点以及当地法院的裁判倾向。

最后,检索应使用专业数据库,不要轻信"度娘"。

100

双赢与多赢思维

做合同,一般不要绝对化一方的权利和对方的义务,那会造成合同各方无法达成一致。优秀的律师,应该既能帮助客户防范法律风险,还能帮助客户促成交易,实现双赢。即使是诉讼案件,也能调解就调解,和气生财。

超预期服务。卓越的律师,除了法律风险防控、交易促成外,还能为客户提供更多的商业机会和更广阔的商业平台,实现多赢。

附 录

附录一：师父不喜欢你清单

能力与期望不符。言过其实，徒有其表。换句话就是，师父看走眼了。

不能快速反应。交代事不立即接话，办了事不立即汇报。

擅自替师父和当事人做主。

人前人后两个样，搞两面派。

不知而不自知。总是以为自己很厉害而师父不行。

假传"师意"。师父交办工作假冒师父之名要求别的小伙伴替你来干。

不求完美。凡事都说差不多就行了，不求精益求精。

损害当事人利益。

晚出早归，师父找你找不到。

办事拖拉，不能在规定时间完成。

差错不断，尤其是同样的错误反复犯。

贪人之功，冒领别人功劳。

同事都说你不好。

聊天总是抱怨。

出错总是推卸责任，指责别人不配合你。

事情没办好，总是抱怨师父没有把事情交代清楚。

出差错总是抱怨师父没有提前教你。

小事办不好，总想着来大活。

不催不动，从不主动做事。

师父在就努力表现，师父不在就散漫。

把情绪带到工作中，不仅影响自己还影响他人工作。

附录二:百错表之文书

类 型	检查清单
文件名没有写明当事人名称以及事由	
当事人名称写错	
没有页码	
首行没空两格	
没有分段落	
字体不统一	
字号不统一	
同一主体/事件,前后简称不统一	
落款日期套用以前的文本,导致日期不符	
正文提到有附件,但未附上	
序号重复或错漏	
引用的法条已经修订或法条序号更改	
没有工作建议	
行间距前后不统一	
……	

附录三：庭前准备表

1	出庭函
2	出庭人员身份证件
3	机关证件
4	法定代表人身份证明
5	委托书
6	委托人负责人是否出庭，若无法出庭，是否委托其他工作人员，并有书面说明
7	是否与委托人出庭人员沟通案件
8	是否通知我方其他参加庭审人员开庭时间、地点
9	是否通知我方其他参加庭审人员携带能够证明身份的证件
10	是否告知我方其他参加庭审人员庭审纪律
11	诉状
12	答辩状电子版
13	案件分析报告是否完成
14	证据分析报告是否完成
15	证据原件
16	证据复印件（N+1）（注明提交方或盖章）

续表

17	证据目录（另带电子版）
18	法律依据（整理到一个文档中）
19	庭审提纲
20	发问提纲
21	申请追加
22	申请鉴定
23	申请延期
24	申请调取证据
25	代理意见

附录四：庭审注意事项清单

服从法官主导，但小心被套话。

陈述诉状答辩状时，最好是面向法官脱稿口语表达。

围绕法官总结的争议焦点发表意见。

尽量正面回答法官发问。

发表律师意见，没有证据时，真话不一定全说（有选择地说），但编瞎话可能要负法律责任。

有证据时，不要发表与证据相反、明显不能成立的意见，那样只会让法官讨厌你。

相比全程直视对方当事人，更应看向法官。

庭审时手机静音。

针对调解，除非确知当事人的态度，一般不要直接拒绝法官的提议。

检查庭审笔录（主要看你自己表述的内容）后再签字，无论时间是否紧迫，书记员有无催促，这是敬业的表现。

开庭后还有大量的工作，比如开庭后立即与当事人沟通，制作庭审报告，准备法官要求补充的资料，写代理词。

附录五：市场拓展自查清单

去年你是如何开拓市场的？今年你准备如何开发市场？

你觉得本所有什么优势，你是如何利用这些优势的？

客户是朋友介绍的，还是有其他来源，朋友介绍的占多少比例？

你和同龄律师相比，优势是什么？

你和同龄律师相比，劣势是什么？

你认为自己在哪个领域比较有资源，更有可能开拓成功？

你认为什么样的律师才容易获得客户的认可和付费？

你为了开拓客户，有没有每天每周都要做的规定动作？

今年有没有顾问单位不续签，为什么？

今年的顾问单位是怎么来的？如何签下来的？

你最大的客户是谁？一年支付多少律师费？这个客户是如何来的？你是如何维护的？

今年你收费最高的案件是什么案件？怎么来的？

有没有考虑举办小型会议营销？

有没有找到联盟之类的组织去讲课？

你是如何利用朋友圈营销的?

你有没有利用网络营销,如何营销?

有没有在客户空闲时间拜访过他们?

每周请人吃饭几次,参加别人组织饭局几次?

每周参加什么活动联络感情(体育、娱乐、学习)?

每周能见几个陌生人,是通过谁见的,有没有后续动作?

参加了什么学习班?

附录六：客户喜欢某个律师的理由

专业水准。主要体现在前期准备、对相关领域的了解程度、执业经历、承办同类案件经验、业内评价等方面。

沟通能力。不仅是与客户的，还有其他各方面的沟通。

敬业。能提供超出预期的服务。

报价合理。

无形的服务，有形的展示。

给客户有建设性的答案，而不是一味否定。

用朴素的语言说和写，让客户容易理解。

对于没有定论的东西，要告诉客户自己的判断。客户知道法律规定，需要律师告诉客户的是判断。

将精力集中在实现客户目标真正需要的事情上。把握好尺度——不多不少。这是律师专业性的体现。

以对自身专业能力的介绍为主，避免大谈特谈所在律所。

通过具体的案例、数据体现专业性，避免泛泛而谈。

律师掌握多个交叉领域的知识，对客户的情况进行深入挖掘。

服务中的不可替代性（其实是超出律师普通的服务而提供增值服务，比如提供资金渠道等）。

对于只打过一次电话的客户，再次联系时记得当事人的姓氏（打完电话后在电话号码上备注姓氏、男女、大体案情、报价多少）。

附录七：客户不喜欢某个律师的理由

律师不能简单明了地沟通（律师喜欢讲法律术语，但这只有他们自己听得懂）。

不随时告知客户（在整个处理过程中客户都不了解案件进展到了哪一步）。

总是"过度律师化"（小事情搞得太复杂）。

不会聆听（客户不喜欢被打断）。

由没有经验的律师在做大部分的事情（资深律师只是支配实习律师干活）。

花太多时间在毫无意义的事情上（总是说正确的废话）。

并不真正关心客户或者客户的生意。

费用高上了天。

反应迟钝。

交易杀手（夸大交易不可行的理由）。

无力实现承诺、爱吹牛的律师。

附录八：法官喜欢或讨厌某个律师的理由

喜欢的理由：

提供意见的电子版。

愿意调解。

证据齐全、复印件清楚、编号完整、页码标注、有证据目录。

法条引用准确、完整。

说话语速合适。

提前向当事人及随当事人同来的旁听人员介绍法庭纪律等注意事项。

在当事人发言结束后，可以对当事人的发言进行适当的归纳总结。

清楚案情，准备充分，陈述和提交的材料条理清晰。

不卑不亢，沟通正常。

守时重信，不会让法官等。

讨厌的理由：

回答问题七绕八绕，发言长篇大论看似洋洋洒洒，古今中外法学论述一大堆，但是没有几句与案件争议焦点有关。

阻止委托人自己回答与其相关的一些问题。

回答与案件事实相关的问题模棱两可、似是而非。

无故否认已经很明显的事实和证据。

给法官添麻烦(要求法官调查与诉讼请求无关的事实)。

附录九：接待来访客户

与客户确认来所具体时间。

告诉律所前台自己的客户要来（至少要告知姓氏、男女）。

了解本所接待客户笔录的格式。

准备材料。笔、律师事务所自己印刷的笔录纸、印泥等。落实前辈是否需要投影仪（电脑）等事项。准备本所宣传材料。定好收费标准，准备计算器。

安排好接待地点（会客室、合伙人办公室，还是会议室）。

记得登记来访人的身份证号、电话、邮箱或微信。

对客户说的话进行归纳后记录，记要点。要点包括客户的基本信息、基础事实的框架、客户想要达到的目的。但是，不能改变客户的意思。比如，客户说"好像是"，你不能记录为"就是"。

笔录写完需要客户签字、捺印。

结束后马上制作来访备忘录、关系图、时间线。发给前辈。前辈确认后发客户。

注意事项：着装得体。多听少说，尤其是不要发表与前辈不一样的意见。

如果不是第一次来访，还需要做好以下准备：

制作收费方案(三种收费方式)。

了解客户来的目的。

准备好上次制作的备忘录、法律关系图、时间线。

做好检索报告。

做好律师已经得到的材料清单。

尚需要向客户了解的问题清单。

尚需要客户提供的材料清单。

附录十：检索清单

在哪里检索

第一，专业数据库：免费的有元典、无讼、裁判文书网、主体信息公示；收费的有威科、北大法宝等。第二，普通搜索引擎以及新闻、微博等是只用来做泛泛搜索的。第三，当事人为法人或非法人组织的，检索其官网。

设置关键词

可从以下几个角度确定关键词：当事人名称、当事人所处的行业、法官、对方当事人、法律关系的名称、既有文件中已经有的法律规定、合同名称等。

检索什么

当事人主体信息，涉诉信息，负面影响，同类案件，相关条文，各方提供的证据、使用的理由。至少要检索30个案件判决。

形成检索报告

第一，对当事人、法官、律师的初步判断；第二，类案法院裁判倾向；第三，类案中诉争各方通常提供的证据、使用的理由以及引用的法条。

附录十一：如何分析案件及确定证据

列出手头上现有材料清单（按时间顺序，无论是否与诉讼请求有关）。

根据当事人陈述的事实经过，对此上述材料清单，标出哪些事实没有证据证明。

列出当事人所要达到的目的。

把当事人的目的转化为诉讼请求及案由。

根据诉讼请求和案由确定请求权基础（具体的法条）。

将请求权基础的构成要件进行分解（可参考检索的判决）。

根据法定要件与检索的类案判决作出此类案件需要的证据清单。

根据现有材料与需要的证据之间的差距，据此作出需要准备的材料清单。

根据最终能取得的证据（小前提），以及请求权基础（大前提），分析诉讼请求能否得到支持（结论）。

再考虑对方会如何抗辩。

不属于法院受案范围。

主体不适格。

基础事实不存在（合同不成立、不生效、证据伪造等）。

时效超过。

请求权已经消灭（抵销、得到履行等）。

先履行义务未履行。

同时履行义务未履行。

不安抗辩权。

混合过错。

合同无效、可撤销可变更。

不可预见。

不可抗力。

违约金过高。

损失扩大抗辩。

损失与过错没有因果关系。

其他特定的抗辩理由。

附录十二：送材料注意事项清单

了解时间、地点、人物、电话、材料，即何时送到、接收材料人的地址、电话、送达的材料内容。了解接收人是客户还是领导，政府机关收件还是法官和书记员。

确认是否接收人亲自接收，是否需要接收人签字，如果接收人不在怎么办，是原地等待接收人，还是回律所。是否还需要从接收人处带回什么东西。

确认材料有没有拿错，是否需要律师签字或律所盖章。

提前与对方沟通，确认对方是否方便。

随身携带实习证（执业证）、身份证。

材料需要用所里的文件袋装好，避免遗失、损坏。

材料送到后，立即向师父汇报。

师父本以为接收人肯定在办公室但实际不在的，或者接收人拒收材料的，或者应当签收但接收人拒绝签字的，要立即请示师父，而不是回律所后再报告。

【失败案例】助理去法院送材料，在法院一楼大厅给法官打电话，很不客气地说，某某法官，你下来取一下我们某某主任的代理词！法官直接挂电话。

附录十三：民事诉讼流程

一、诉前阶段

1. 办理签约

与客户磋商委托意愿，处理法律服务委托合同签订事宜，办理律师费收费的相关事宜。（制作法律服务委托协议）

2. 了解案件情况

准备案件研究的基础材料，了解原、被告的背景情况。

准备纸质版案件材料，便于起草起诉文本；被告涉诉、涉执行情况；在搜房网等查询是否有房产项目；确认诉讼主体，管辖；初步查看案件材料，检查是否有缺漏，向客户反馈补充。

3. 法律数据检索研究

针对案件可能出现的问题进行法律检索。

法律法规数据检索研究。案例检索研究。理论文章检索研究。制作法律数据研究报告。

形成法律检索报告（主题）时间。

4. 制作起诉文本

结合案件材料，起草起诉文本。

（委托书、民事起诉状、法定代表人身份证明书、证据清单、负责人身份证明书、财产保全担保书、财产保全申请书、财产线索、营业执照复印件）

5. 发送材料盖章

起草发给客户的邮件应当列明要点：（1）需披露案件存在的问题、风险；（2）列明需要补充的证据材料，并及时拿取盖章文本。

邮件中列明需盖章材料清单，并注明盖章主体。

6. 准备起诉材料

针对案件可能出现的问题进行法律检索。

开具律师事务所函、介绍信。

打印证据副本，编页码。

整理并检查立案材料是否齐全。

进行网上立案（如有）。

7. 制作通讯录及地图

律师开展立案、调档等工作，需提前查询法院及相关主管部门的通讯信息。

联系管辖法院，查询电话、地址、工作时间，还需询问：（1）网上打印的工商信息是否能作为立案材料；（2）诉讼费缴纳方式；（3）是否需要携带原件；（4）在法院本部立案还是派出法庭立案；（5）是否是周一到周五的上午下午均能立案，还是有部分下午无法立案；（6）起诉状、委托书上除公章外是否需要盖法人章（该问题建议提前问）。

联系被告工商登记机关，查询电话、地址、工作时间,还需要询问律师查询房产、土地登记信息需要携带的材料。

联系房管、国土部门(或不动产登记部门),除查询电话、地址、工作时间外,还需要询问律师查询房产、土地登记信息需要携带的材料。

联系车辆管理部门,除查询电话、地址、工作时间外,需要询问律师查询车辆登记信息需要携带的材料。

制作立案通讯录、立案通讯录地图。

8. 费用预借

预借前往法院立案、调档的费用,包括:

预借差旅费、诉讼费需向财务发送预借费用邮件;诉讼费立案后由律所代为缴纳的,需向财务发送代付邮件,并做好记录;无论采取何种方式缴纳诉讼费,须向法院索取票据;预借差旅费应及时向财务申请报销。

二、起诉阶段

1. 前往法院立案

立案成功后告知助理团队,向客户邮件汇报。

缴纳案件受理费(及保全费),保存票据。

询问并记录查询分案法官电话。

询问保全手续(担保方式),并记录缴纳保全费、保证金的账户信息。

2. 调取工商登记

调取被告工商外档、内档。

注意调取工商内档含有被告银行账户信息、法定代表人身份证的部分。

注意调取工商内档中其他有效信息部分。

档案材料扫描留档。

3. 调取房、地登记信息

前往不动产登记中心开展房、地信息档案调取工作：

调取被告名下房产登记信息。

调取被告名下土地登记信息。

注意询问并记录房产、土地的抵押情况、司法查封情况；如是房产，查询房产的预售情况。

如相关部门不能提供纸质版本的，拍照或手写留存。

档案材料扫描留档。

4. 调取车辆登记信息

前往车辆管理所开展车辆登记信息档案调取工作：

调取被告名下车辆登记信息。

注意询问并记录车辆的抵押情况、司法查封情况。

如相关部门不能提供纸质版本的，拍照或手写留存。

三、财产保全

1. 财产线索清单

制作详细的财产线索清单:

线索汇总:(1)请求客户提供财产线索;(2)汇总自行调查的财产线索。

确认查封或冻结机构(包括机构名称、经电话核实的地址、营业或办公时间、联系电话)。

银行账户(核实是否销户)。

不动产、车辆(列明权证号)。

制作详细版财产线索及地图。

承办律师确认定稿。

2. 推进保全手续

与法院沟通确认,确定担保方式(保证金/保函/分公司账户/其他),提交保全手续(如派人前往,需携带哪些材料),与客户沟通担保方式、保全手续(保全申请书、担保书如法院有特殊要求,需重新制作),跟进保全手续办理,保存保全费(或保证金)票据。

制作财产保全担保书、财产保全申请书。

3. 实施财产保全

如须陪同法官开展保全工作的,应当提前确定行程;如无须陪同的应当及时与法官沟通,了解保全结果。

与法官沟通保全行程,督促法官保全,获取、核实保全结果（是否首封、是否抵押），制作保全提醒，录入团队保全汇总表，向客户汇报保全结果，查封到期，申请续封（提前一个半月）（处理续封事宜，可另行建立任务）。

制作延长财产保全期限申请书。

四、审理阶段

1. 庭前准备

庭前准备工作非常重要，包括：

公告手续办理（如有）。

开庭所需证据原件清单。

查看举证责任期限，补充提交证据（如须延长，提交申请书）。

开庭时间、被告送达情况（开庭提醒、录入团队开庭时间表）。

证据搜集、整理（第一轮/第二轮/第三轮），向客户披露风险。

如有补充提供证据的，及时复印并向法院提交。

如有必要，申请法院调查取证、现场勘验。

案件研究，法律检索，审查事实与法律。

了解被告和解、调解意向（如有）。

商谈并确定和解、调解方案（如有）。

制作和解协议、延长举证期限申请书、开庭所需证据原件清单、法律检索报告（主题）时间、调查取证申请书、调解协议。

2. 开庭审理

开庭前应当及时熟悉案情,整理证据;注意携带委托手续、证据原件。

第二次开庭/第三次开庭(如有)/调解。

向客户汇报开庭情况。

3. 庭后工作

庭后工作应当及时完成,注意重要的时间节点。

根据庭审要求,及时核实案件事实。

若有补充证据,提示举证期限,及时补充提交。

起草代理词,提交法官。

与法官沟通案件意见。

获取裁判文书、民事调解书,向客户汇报裁判结果。

跟进裁判文书送达情况,上诉情况及生效情况(可申请执行提醒)。

被告履行裁判文书、民事调解书确定义务的情况。

归还证据原件。

办理退费事宜,邮件向客户核实退费到账。

制作代理词、答辩意见、质证意见。

五、申请执行

1. 制作执行文本

起草申请强制执行所需要的材料(制作委托书、强制执行申请书、法定代表人身份证明书、负责人身份证明书、复印营业执照)。

2. 发送材料盖章

与客户沟通申请强制执行的意向,列明所须文件清单,列明盖章主体,确认后将强制执行文本发给客户盖章,及时拿取盖章材料。

3. 执行前的准备

执行前主要有两方面的工作,一是执行立案所需准备的材料,二是与法院沟通开具生效证明及执行立案时间的相关事宜。

开具律师事务所函、介绍信(介绍信是否需要视情况而定)。

整理并检查立案材料是否齐全。

与法官沟通领取生效证明,或其他确认生效的手续办理事宜。

核实法院可执行立案的时间,周一到周五上午下午是否均可以,以及执行立案的地点。

如有他案需一并办理事宜,与他案承办律师交接。

4. 执行立案

前往法院开展执行立案工作。

立案成功后告知助理团队,向客户邮件汇报。

询问并记录查询分案法官电话。

六、执行进程

1. 联系执行法官

查询执行承办法官,向法官了解被执行人的情况。

2. 财产线索普查

向法官了解对被执行人财产的普查状况,并做进一步的推进,包括:

银行账户:(1)如诉讼阶段有冻结,督促法官扣划。(2)有未被查封的账户存款,督促法院查封。

房产、土地:(1)如未查封,督促查封;如已查封,督促法院轮候查封,并了解首封法院。(2)了解抵押情况。(3)如可拍卖,推进拍卖程序(如有拍卖程序的可另行建立任务)。

向客户汇报普查结果。

3. 落实执行威慑措施

与法官沟通落实执行威慑措施,包括:纳入失信名单、限制高消费、限制出入境、司法拘留、及时上网核实、截图、向客户汇报。

制作申请纳入失信被执行人名单之申请书、限制出境申请书、限制高消费申请书。

4. 执行和解

如在执行阶段进行执行和解,执行和解方案应当通过客户同意。

制作执行和解协议。

5. 执行异议(包括对执行行为的异议和执行标的的异议)

执行程序中如出现执行异议的情况,应视情况而定,在不需要另行建立项目的前提下可使用下列任务清单:

联系法官,了解案件背景,向客户汇报。

研究案件,法律检索,确定思路或方案,与客户沟通汇报。

如有证据,提交证据给法官。

开庭/听证,庭后向客户汇报。

获取裁判文书,向客户汇报。

6. 结束本次执行

终本裁定一般情况下在被执行人暂无可供执行财产的情况下出具,应及时联系法官获取;并定期跟进询问案件情况。

7. 结案

七、卷宗归档

附录十四:行政案件处理流程(行政机关代理人)

办理委托手续

1. 签订《委托代理合同》(模板)。

2. 签署《授权委托书》(模板)和《法定代表人身份证明》(模板)。

3. 收费。

4. 索要机关法人、事业法人及其他组织等证明主体资格文件等,复印后加盖公章或签字。

答辩前的准备

1. 接收补充案件材料。

2. 确定案件答辩期限、举证期限。

3. 看一遍诉状,初步了解原告方主张的事实与理由依据。

4. 看一遍机关答复书,初步了解被告方主张的事实与理由依据。

5. 检索双方提到的所有法律法规与政策。

6. 检索案例,形成检索报告,检索范围包含以下四个方面:

(1) 检索原告所有案例;如原告有律师,检索原告律师所有案例。

(2) 检索被告所有案例。

(3) 检索涉案法官所有案例。

（4）如法官无相关案例，以双方引用条款为关键词检索该法院及其上一级法院的相关案件。

7. 梳理案情，制作全过程及全材料清单（表格形式），列明时间，主要行为或事件内容，有无材料及材料名称。

8. 制作流程图。

（1）理顺所有程序规定，制作出正常处理流程与时限。

（2）结合本案证据，在图上标出本案处理流程与时间。

对照上下两条线，得出流程正确与否的结论。

9. 调查取证（一般不需要）。

10. 制作证据分析图表。

认定违法行为所依据的证据逐一分析三性（客观性、关联性、合法性），有无风险点，如有风险如何建议。

11. 制作案件分析报告。

12. 与委托人确定诉讼策略。

答辩

1. 起草、制作《行政诉讼答辩状》。

2. 制作证据目录。

3. 向人民法院递交答辩材料及证据目录、证据材料。

庭前准备

1. 根据案件情况,确定是否提出特殊申请(比如延期开庭申请等)。

2. 开庭信息确认。

3. 与委托人确认开庭消息,确定出庭的行政机关负责人,调取证据原件。

4. 与出庭律师确认开庭信息。

5. 召开庭前研判会议,形成《开庭提纲》。

6. 制作《出庭函》。

开庭审理

1. 参与庭审。

2. 向委托人汇报庭审情况。

3. 召开庭审复盘会议。

4. 向人民法院提交代理词。

5. 根据法官开庭要求补充材料。

结案

1. 领取裁判文书。

2. 出具裁判文书研判意见。

3. 整理卷宗并归档。

4. 结案复盘。

5. 请示是否上诉。

6. 注意是否需要申请执行。

附录十五：刑事案件诉讼流程

一、委托

1. 侦查阶段的委托

与委托人面谈，介绍律所及团队情况，了解犯罪嫌疑人基本情况及基本案情，包括：

核实委托人与犯罪嫌疑人的关系，是否有权委托（办理委托手续的只能是本人近亲属，父母、子女、配偶、同胞兄弟姊妹）。

询问委托人是否有犯罪嫌疑人被采取强制措施的法律文书（拘留通知书/逮捕通知书/起诉书）。

询问犯罪嫌疑人基本情况（姓名，曾用名，性别，年龄，出生年月日，民族，文化程度，户籍所在地，现住址，家庭成员，联系电话，个人经历）。

了解案件基本情况。

了解犯罪嫌疑人所涉嫌的罪名。

了解委托人的具体要求。

了解案件是否属于危害国家安全罪、恐怖活动犯罪、特别重大贿赂犯罪三类特殊案件。

了解委托人与侦查机关沟通的情况以及他们已经做过的工作。

了解侦查机关及承办人员的联系方式。

2. 审查起诉阶段的委托

在审查起诉阶段接受委托，律师应当了解如下信息：

侦查阶段时是否聘请过律师，如果已经聘请律师，该律师已经做过的工作情况，是否还继续参与诉讼活动。

案件进入审查起诉阶段的时间，是否已经发生退回补充侦查的情况。

委托人与侦查、审查起诉机关的沟通情况。

审查起诉机关及承办人员的联系方式。

犯罪嫌疑人是否被羁押以及羁押场所、以前会见的情况。

3. 审判阶段的委托

在审判阶段接受委托，律师应当了解如下信息：

了解侦查阶段、审查起诉阶段是否聘请过律师，如果已经聘请了律师，该律师已做工作的情况，是否还继续参与诉讼活动。

了解案件进入审判阶段的时间。

了解委托人与侦查、审查起诉机关、审判机关的沟通情况。

了解审判机关及承办人的联系方式。

犯罪嫌疑人是否被羁押以及羁押场所、以前会见的情况。

4. 请委托人提供身份信息

核实委托人信息,避免无权委托。包括:

委托人身份证。

委托人与犯罪嫌疑人的亲属关系证明(户口簿、结婚证或派出所证明)。

如此前委托过其他律师,须出具解除对原律师的委托声明。

(制作解除委托关系声明)

5. 制作《刑事案件接案笔录》,告知风险

告知委托人刑事辩护风险,不对结果做任何承诺。接待笔录应记录以下信息:

核查来访者及当事人的基本信息。

确认来访者与案件或者案件当事人之间的关系。

了解案件的基本情况(何时、何地、何事、何人,是否与当事人有关)。

了解来访者目的:受害方主要是要求追究对方的刑事责任,并进行民事赔偿等;嫌疑人或被告人一方主要是提供法律帮助进行辩护,并代理附带民事诉讼等。

明确告知律师的职责和任务。

明确告知律师收取代理费的依据及金额。

请委托人在《刑事案件接案笔录》上签字确认。

(制作刑事案件接案笔录模板)

6. 办理委托手续

签署授权委托书及刑事案件委托代理协议,收取费用,开具发票,详细如下:

签订《刑事委托代理协议》,一式两份,一份交委托人,一份由律师事务所存档(注意:同一名律师不得为两名或两名以上的同案犯罪嫌疑人、被告人辩护,不得为两名或两名以上的未同案处理但涉嫌的犯罪存在关联的犯罪嫌疑人、被告人辩护。同一律师事务所在接受两名或两名以上的同案犯罪嫌疑人、被告人的委托,分别指派不同的律师担任辩护人的,须告知委托人并经其同意)。

签订《授权委托书》,一式四份(公安机关、检察院、法院各存一份,律师留存一份备用)。

复印委托人的身份证明。

系统立项,上传《委托代理合同》到系统。

联络委托人提供开票信息,上传开票信息到系统。

开具发票,并确认发票抬头、金额是否准确。

联络委托人付款。

已加盖印章合同扫描上传系统。

(制作刑事律师事务所函模板、刑事授权委托书模板、刑事委托代理协议模板)

二、侦查阶段基础工作

1. 开具律师事务所函,及时向侦查机关出具委托手续

在有多人委托辩护律师的情况下,优先提交手续,确认辩护人地位。

确认办案单位及办案人员。

询问办案人员联系方式,跟进案件进展,向办案人员了解基本内容:罪名,被采取、变更、解除的强制措施,被延长侦查、羁押等情况。

查询法制部门电话,跟进案件进展。

及时向办案机关提交犯罪嫌疑人或其近亲属签署的《授权委托书》或法律援助公函、律师事务所函、律师执业证复印件、委托人身份证复印件。

制作刑事律师事务所函、刑事授权委托书。

2. 开具《会见介绍信》,准备会见

提前查询看守所地址、路线、联系电话。

提前询问看守所的作息时间、对律师会见是否有特殊要求:是否需要预约;是否必须两个律师同时会见;除律师证、会见介绍信息、授权委托书外是否还需要亲属关系证明等其他材料;了解会见是否属于三类特殊案件(危害国家安全犯罪、恐怖活动犯罪、特别重大贿赂犯罪案件),会见是否需要批准。

携带好会见模板、笔录纸、印泥、文具等物品。

提前查询、存储看守所监管部门电话，如看守所设置会见障碍，及时投诉。

将预定会见的时间通知委托人，并且了解是否有转达问候、交代家务等需要律师代办的与案件无关的合法事宜。

沟通案情，安抚犯罪嫌疑人，转告家属生活事项。

制作会见笔录、刑事授权委托书、律师会见介绍信。

3. 相关信息检索

根据委托人或犯罪嫌疑人告知的情况进行初步检索，对认定相关罪名及量刑的各种可能作出预估。包括分析犯罪构成要件，明确量刑规定，相关易混淆罪名区分，地区判例。

4. 整理证据材料，分析案件

全面细致深入了解案情，指导证据收集。

A. 犯罪主体

(1) 单位犯罪还是个人犯罪。

(2) 在犯罪中的作用和地位，属于主犯、从犯、胁从犯、还是教唆犯等。

(3) 是否是团伙犯罪或者属于犯罪集团。

(4) 犯罪嫌疑人的刑事责任年龄，是否属于未成年人犯罪或者已满75周岁的人犯罪。

B. 定罪

(1) 此罪还是彼罪。

(2) 是否属于正当防卫。

(3) 是否属于意外事件。

(4) 是否属于紧急避险。

(5) 是否属于不可抗力。

(6) 是否有被害人承诺。

C. 犯罪形态

(1) 犯罪既遂。

(2) 犯罪未遂。

(3) 犯罪中止。

D. 量刑情节

(1) 是否累犯。

(2) 归案经过,是否有自首、立功、坦白。

(3) 金额、情节、手段、方式、后果。

(4) 是否达成谅解。

E. 其他:确认是自诉案件还是公诉案件

5. 申请变更、解除强制措施

法条依据:《中华人民共和国刑事诉讼法》第67-100条。

A. 申请取保候审

(1) 犯罪嫌疑人符合取保候审条件的,应当为其申请取保候审,准备《取保候审申请书》。

（2）办案机关同意取保的，提醒家属提供办理供取保候审所需的保证人或缴纳保证金（提供保证人的，准备好保证人的身份材料、住所材料，甚至工作证明、财产证明）。

（3）取保候审后，敦促犯罪嫌疑人配合后续程序的推进，以免出现嫌疑人"脱保"、失联、再行违法犯罪等状况。

（4）认为不符合取保候审条件的，应当向委托人说明情况，建议不提出取保候审的申请。委托人坚持申请的，可建议由犯罪嫌疑人、被告人的近亲属申请取保候审，并为其代写《取保候审申请书》。

（5）不得向委托人承诺取保候审能够成功。

B. 申请监视居住

（1）对于被指定居所监视居住的犯罪嫌疑人、被告人，犯罪嫌疑人、被告人有固定住处，对于涉嫌危害国家安全犯罪、恐怖活动犯罪、特别重大贿赂犯罪，在住处执行并不妨碍侦查的，辩护律师认为其不再符合指定居所监视居住条件的，应当向相应的人民法院、人民检察院、公安机关申请变更强制措施，变更为取保候审或者在住处监视居住。

（2）存在下列情形的，可以向同级或者上一级检察院提出控告：a. 在执行指定居所监视居住后24小时以内没有通知被监视居住人的家属的；

b. 在羁押场所、专门的办案场所执行监视居住的;
c. 对被监视居住人刑讯逼供、体罚、虐待或者变相体罚、虐待的。

C. 申请解除强制措施

(1) 对侦查羁押期限内未能办结的,可以要求释放或变更强制措施。

(2) 被取保、监视的,在规定期限内未能办结的,可以要求解除强制措施。

D. 注意事项

(1) 书面申请变更,注明事实理由和方式。

(2) 不得为犯罪嫌疑人担任保证人。

制作解除强制措施申请书、取保候审申请书。

6. 帮助犯罪嫌疑人申诉或控告

对侦查人员的下列违法行为进行申诉或控告:

(1) 采取的强制措施期限届满,不予变更或解除的。

(2) 应当退还取保候审保证金,不退还的。

(3) 对与案件无关的财物采取查封、扣押、冻结措施的。

(4) 应当解除查封、扣押、冻结的财物,拒不解除的。

(5) 贪污、挪用、私分、调换、违反规定使用上述财物的。

对受理申诉或控告的机关不及时处理,或对

处理不服的,可以向同级检察机关申诉(检察院办理的案件,向上级检察院申诉)。

7. 跟进案件进展,及时提交律师意见

把握关键时间点,利用批捕黄金时期进行辩护,如被批准逮捕,应及时申请羁押必要性审查。

A. 侦查阶段

(1)对实体和程序提出书面和口头辩护意见。

(2)审查是否存在违法管辖。

(3)是否存在以非法方法收集的证据,如果有,及时申请排除。

B. 批捕阶段

(1)认为不构成犯罪的,及时向检察机关侦监部门或控申部门申请立案监督,提交书面证据材料。

(2)尽最大可能密切关注案件动向,及时联络办案人员与法制部门,跟踪案件进展,一经提请批捕,立即向检察机关批捕部门提交律师意见;提出不批准逮捕申请,把握黄金辩护时间。

(3)认为犯罪嫌疑人罪行具有下列情形的,及时申请不批准逮捕:a. 属于预备犯、中止犯,或者防卫过当、避险过当的;b. 主观恶性较小的初犯,共同犯罪中的从犯、胁从犯,犯罪后自首、有立功表现或者积极退赃、赔偿损失、确有悔罪表现的;c. 过失犯罪的犯罪嫌疑人,犯罪后有悔罪表现,有效控制损失或者积极赔偿损失的;d. 犯罪嫌疑人与被害人双方根据刑事诉讼法的有关规定达成和解协议,经审查,认为和解系自愿、合法且已经履行或者提供担保的;e. 犯罪嫌疑人系已满14周岁未满18周岁的未成年人或者在校学生,本人有悔罪表现,其家庭、学校或者所在社区、居民委员会、村民委员会具备监护、帮教条件的。

(4) 一旦不批捕,立即提醒家属按照公安机关的要求,提供办理供取保候审所需的保证人或缴纳保证金(提供保证人,还应按要求准备好保证人的身份材料、住所材料,甚至工作证明、财产证明等)。

C. 批捕后,提出羁押必要性审查的意见

制作刑事和解协议及谅解书、律师意见书(刑事)、立案监督申请书(不应立案而立案)、解除强制措施申请书、羁押必要性审查意见书。

8. 羁押必要性审查

逮捕后,及时提出羁押必要性审查(刑事羁押必要性审查由办案机关对应的同级人民检察院刑事执行检察部门统一办理,没有设立刑事执行检察部门的,由负责刑事执行检察工作的专职人员办理。侦查监督、公诉、侦查、案件管理、检察技术等部门予以配合。3日内决定是否立案,不立案制发《不立案通知书》;立案10日内决定,可延长 5 个工作日，无论是否提出建议，均制发《结果通知书》）。

A. 准备的手续与材料

（1）提供律师执业证书复印件（持证人信息及年度考核备案页面的复印件）。

（2）律师事务所函。

（3）相应委托书或法律援助公函。

（4）羁押必要性审查申请书。

（5）逮捕后在押人员身患严重疾病的病情证明材料（病历等）。

（6）与被害人达成刑事和解的证明材料。

（7）有合适的保证人的证明材料（如保证人的职业证明、不动产证明、保证书等）。

B. 把握好申请羁押必要性审查的时间点，因刚逮捕侦查机关需要进一步侦破案件，如果检察部门受理并建议变更强制措施可能会有碍侦查，最好在逮捕一个月之后再尝试进行，或者在移送审判起诉后再行申请，防止检察部门不予立案

C. 尽量争取面见承办检察官，当面发表更为详尽的意见

D. 无论审查结果如何，第一时间告知嫌疑人、被告人和委托人，避免他人提前告知，降低当事人对辩护律师的信任度，从而导致对辩护工作不满

制作羁押必要性审查意见书。

三、会见

1. 为犯罪嫌疑人提供法律咨询

向其介绍案件最新进展,并根据法律和实践对案件程序将来的进展可能进行预计。

解释所涉罪名及量刑规范。

解释关于从重、从轻、减轻及免除处罚的规定。

解释侦查管辖的法律规定。

解释关于羁押和非法证据排除的规定。

2. 询问犯罪嫌疑人有关案件情况

犯罪嫌疑人基本情况。

是否实施或者参与所涉嫌的犯罪。

关于案件事实和情节的描述。

询问犯罪嫌疑人如何看待自己的行为性质。

关于无罪、罪轻的辩解。

有无自首、立功、退赃、赔偿等从轻、减轻或者免除处罚的量刑情节。

犯罪嫌疑人及其近亲属财产被查封、扣押、冻结的情况。

被提讯的时间、地点、次数及讯问的内容。

询问有无相关证人及证据线索。

本案是否存在违法立案、违法管辖的情形。

3. 询问犯罪嫌疑人程序性事项

询问办案机关制作讯问笔录前是否向犯罪嫌

疑人告知其权利,还是仅在做笔录时才告知。

了解犯罪嫌疑人有无被刑讯逼供、诱供等情形,如果有上述情形,代为申诉、控告(若存在前述情形,告知嫌疑人如公安机关或检察机关核实情况时,要如实陈述,并确认新笔录中有记载)。

4. 询问犯罪嫌疑人私人事宜

有无家庭事务安排。

有无所需生活物品。

有无工作安排。

对他们进行必要的安慰、鼓励,转达亲友对犯罪嫌疑、被告人的问候。

了解并关心他们在押期间的生活情况。

5. 制作《会见笔录》

非本人委托的,会见时要经犯罪嫌疑人本人签字确认委托辩护。

可以签字的应当交犯罪嫌疑人签字。

6. 会见注意事项

遵守羁押场所的规定,未经许可不得传递任何物品(香烟、手机、食物等)。

不得帮助嫌疑人毁灭、伪造、变造的证据,不得提供检举揭发的线索。

如家属有带信安慰的,审查书面信件中是否与案情相关的内容,如果不涉及案情可将内容念给犯罪嫌疑人听，如果是口头内容可制作到会见笔录中，但原件不得直接交付犯罪嫌疑人，也不得丢弃，留存备查。

经许可可接受犯罪嫌疑人提交的书面材料。

笔录不得提供给家属、同案犯、证人。

第一次会见时一定要取得犯罪嫌疑人/被告人本人的委托。

四、各阶段调查取证七个任务

1. 取证内容

就犯罪嫌疑人不在犯罪现场、未达到刑事责任年龄、属于依法不负刑事责任的精神病人，以及有关诉讼程序方面的问题进行调查取证。

认为在侦查期间公安机关收集的证明犯罪嫌疑人无罪或者罪轻的证据材料未提交的，可以申请人民检察院向公安机关调取。

发现公安机关、人民检察院收集的证明犯罪嫌疑人无罪或者罪轻的证据材料未随案移送，可以申请人民法院调取，并应当提交书面申请，提供相关线索或者材料。

申请人民法院通知证人、鉴定人、勘验检查笔录制作人出庭作证的，应当制作上述人员名单，注明身份、住址、通信方式等，并说明拟证明的事实，在开庭 5 日前提交人民法院。

向证人或者有关单位、个人收集、调取与本案有关的证据材料时,对方不同意的,可以向人民法院申请收集、调取,或者申请通知证人出庭作证。

比照案发现场情况或侦查实验笔录进行复原实验。

2. 收集客观证据

收集物证、书证、视听资料、电子数据等客观证据,尽可能获得原件。

视听资料可以收集存储介质原件,或用公证的方式固定。

无法取得原件的,复制、拍照、录像,尽快向办案单位提出调取申请,提供原件存放地点和持有人信息,避免证据灭失。

3. 调取证人证言

尽量申请证人出庭作证,而不直接向其本人调查取证。

需要向被害人或者其近亲属、被害人提供的证人收集与本案有关的材料时,应当向公安机关、人民检察院、人民法院提出申请,经许可后,方可进行调查取证。

尽量申请侦查机关、检察机关、人民法院共同前往调查取证。

在申请侦查机关、检察机关、人民法院共同前往调查核实证言陈述,但遭到拒绝的情况下,应提出传召被害人、控方证人的事实、理由及不予传召的法律后果，并说明该笔录对于定罪或者量刑具有重大影响，非经出庭作证，无法认定其查证属实。

对证人证言仅做客观记录，勿引导陈述。

对证人取证时，犯罪嫌疑人及家属或利害关系人应当予以回避。

制作取证申请书。

4. 制作《调查笔录》

提醒其他人员（被告人家属、亲友、利害关系人等）回避，拒绝无关人员在场。

必须向证人说明作伪证所负的法律责任，强调如实作证。

向未成年人取证应当有监护人在场，并请监护人在笔录上签字。

询问尽量详细、具体，提问不能含糊其辞或模棱两可，更不能有引导性发问。

载明详细信息：被调查人的姓名、时间、地点、身份，告知作伪证后果，被调查内容。

每页由证人核对签字：应准确无误，为其真实意思表示，每一页签名捺手印，最后一页标时间，注明"以上笔录我已看过/已向我念过，与我所说的内容一致"。

笔录修改处需要证人签字捺印。

可以请公证机关予以公证。

做调查笔录时也可要求证人同时亲笔书写证

词予以佐证。

5. 不得调查证人证言的对象

受贿案件的行贿人(或者纪委查办的"双规"案件的有关证人)。

证言不明确、反复、不稳定而公安机关或检察机关已经多次取证的证人。

证言属于"孤证"(即缺乏旁证或其他证据相互印证)的证人。

案件的处理结果与其有直接的利害关系的证人(如强奸案件的受害人,故意杀人、故意伤害案件的被害人及其家属,交通肇事案件的被害人及其家属等)。

6. 调查取证注意事项

调取证据除获得结果证据外,也要真实记录调查取证的全过程,从而形成有关调查程序合法性和完整性的"过程证据",向法庭证明调查取证的真实性、合法性和完整性,以维护调取的结果证据的证明力和证据能力。

A. 记录调取证据过程

(1) 调查取证要做好相关的书面记录,完整而准确地记录调查取证的全部过程,并要求所有参与调查取证的在场人员签字或者盖章。

(2) 如条件允许,取证过程中进行全程录音录像。

（3）调查取证最好两人同行，同时尽量邀请第三人随行见证。

B. 庭前准备阶段将收集到的证据提交法院，请求纳入法庭调查的范围，将证据材料或证据线索转化为证据

C. 律师调查取证时，如发现该证据对犯罪嫌疑人会产生不利影响，可以停止调查

D. 应当提交书面证据线索或证人名单

E. 发现其他对犯罪嫌疑人有利的证据或证据线索，必须征求委托人、当事人同意后，提交证据线索给办案机关或书面向办案机关提出调查建议

F. 辩护律师需要向被害人或者其近亲属、被害人提供的证人收集与本案有关的材料时，应当向人民检察院/人民法院提出申请，经人民检察院/人民法院许可后，方可进行调查取证。或者申请人民检察院/人民法院调查取证，或者向人民法院申请被害人出庭作证

G. 下列人员不得担任调查取证的见证人

（1）生理上、精神上有缺陷或者年幼，不具有相应辨别能力或者不能正确表达的人。

（2）与案件有利害关系，可能影响案件公正处理的人。

（3）行使勘验、检查、搜查、扣押等刑事诉讼职权的公安、司法机关的工作人员或者其聘用

的人员。

H. 由于客观原因无法由符合条件的人员担任见证人的，应当在笔录材料中注明情况，并对相关活动进行录像

制作取证申请书。

7. 申请鉴定或重新鉴定

我国刑事司法鉴定的启动主体为公、检、法各级司法机关，司法机关在其负责的诉讼阶段各自享有独立启动刑事司法鉴定的权力，且不会受到相互制约。在必要的时候，司法机关可以启动补充鉴定和重新鉴定程序，犯罪嫌疑人、被告人和被害人仅有补充鉴定和重新鉴定的申请权，而无决定权。

制作重新鉴定申请书。

五、审查起诉阶段的基础工作

1. 开具律师事务所函，及时向检察机关出具授权委托书。

在委托多名辩护律师情况下，优先提交手续，确认辩护人地位。

制作刑事律师事务所函、刑事授权委托书。

2. 联络检察机关阅卷中心

及时预约阅卷，第一时间了解证据材料。

查询检察机关地址、案管中心及承办人联络方式。

预约阅卷时间。

询问检察机关阅卷要求(能否拍摄照片,是否需要携带光盘或 u 盘)。

3. 复制全部案卷材料

全方位、无遗漏阅卷,所有证据卷、文书卷均复制,包括封面及封底。复制所得案卷不得外传,包括对犯罪嫌疑人家属。

拍摄全部案卷材料。

对拍摄照片案卷进行扫描处理,输出 pdf 文档。

每份案卷 pdf 文档页脚处插入页码及卷数。

案卷打印输出并装订。

4. 审查起诉阶段阅卷

制作案件人物关系图。

制作案件时间节点图。

比对证据分析要点,各种类证据间是否存在冲突(详见后文各类证据分析)。

案件疑点整理(用于会见时询问犯罪嫌疑人核实,为庭审发问做准备)。

重点阅读《起诉意见书》,了解犯罪嫌疑人的身份情况及到案经过、侦查查明的事实和证据、涉嫌的罪名及适用法律。

5. 开具会见介绍信,准备会见

提前确认是否满足会见条件,准备会见。

查询看守所地址、路线、联系电话,提前询问看守所的作息时间、对律师会见是否有特殊要求,除律师证、会见介绍信息、授权委托书外,是否还需要亲属关系证明等其他材料。

了解会见是否属于三类特殊案件,是否需要批准。

将预定会见的时间通知委托人,并且了解是否有转达问候、交代家务等需要律师代办的与案件无关的合法事宜。

制作刑事授权委托书、律师会见介绍信。

6. 会见犯罪嫌疑人

沟通案情,核对证据真实性与证据内容,寻找辩护切入点。

核实阅卷材料中的证据材料是否真实,有无遗漏。

询问是否有其他证据线索提供。

询问是否存在所涉嫌的犯罪事实,有无辩解。

了解案件发生的时间、地点、动机、目的、手段、后果等情况。

了解归案的方式。

询问被采取强制措施后人身权利及诉讼权利是否受到侵犯(如刑讯逼供等)。

询问侦查阶段是否聘请过律师,如果已经聘请了律师,该律师已经做过的工作情况,是否还继续参与诉讼活动。

询问有无家庭事务安排,有无所需生活物品。

制作会见笔录(可以签字的应当交被告人签字)。

会见完及时转告委托人犯罪嫌疑人委托的待办事项。

制作会见笔录。

7. 检索

根据证据材料再次进行检索,为辩护意见提供支持。

相关易混淆罪名犯罪构成,分析指控罪名定性是否准确。

相关司法观点、裁判观点。

最新量刑规范。

最新地区判例。

8. 罪名分析

分析是否应当适用其他罪轻的罪名。

9. 量刑情节分析

为量刑辩护做准备:

犯罪形态:既遂、未遂、中止。

归案经过,是否存在自首、立功、坦白。

在团伙犯罪中的地位:主犯、从犯、胁从犯、还是教唆犯等。

单位犯罪还是个人犯罪。

是否自愿认罪。

是否累犯。

是否退赃。

是否获得谅解。

犯罪嫌疑人的刑事责任年龄,是否属于未成年人犯罪或者已满75周岁的人犯罪。

10. 向检察机关提交律师意见或申诉意见

把握审查起诉阶段行使辩护权的机会,在公诉机关移送法院前剔除指控不准确或不实的内容,降低对犯罪嫌疑人的指控。

电话联络承办检察官,预约时间。

提交书面的《律师意见书》。

11. 向检察机关申请取保候审

认为犯罪嫌疑人符合取保候审条件的,经委托人要求,应当为犯罪嫌疑人申请取保候审,准备《取保候审申请书》及相关证据材料。

提供办理供取保候审所需的保证人或缴纳保证金(提供保证人,还应按要求准备好保证人的身份材料、住所材料,甚至工作证明、财产证明等)。

取保候审后,敦促犯罪嫌疑人配合后续程序的推进,以免出现嫌疑人"脱保"、失联、再行违法犯罪等状况。

认为不符合取保候审条件的,应当向委托人

说明情况,建议不提出取保候审的申请;委托人坚持申请的,可建议由犯罪嫌疑人、被告人的近亲属申请取保候审,并为其代写《取保候审申请书》。

制作《取保候审申请书》。

12. 跟进案件进展

及时了解补充侦查信息,移送法院信息,进行下一步工作。

退回补充侦查的,及时补充阅卷。

采取强制措施超过法定期限的,请求解除强制措施。

制作刑事和解协议及谅解书、解除强制措施申请书。

六、审查起诉阶段阅卷

1. 分析证据卷——犯罪嫌疑人供述

比对提讯时间、笔录时间、次数是否吻合(有讯问笔录而无提讯记录,有提讯记录而无讯问笔录,两者记载时间有冲突等,均可引发证据合法性质疑)。

被讯问时犯罪嫌疑人如果是聋哑人或不通晓当地语言文字的人,办案机关是否提供了合格的翻译。

讯问笔录中嫌疑人是否有未签名、捺指印或被代签、代捺指印等情况。

讯问笔录的讯问人和记录人是否存在签名不

一致，是否存在同一时间同时做了数份笔录等情况，是否全程在场（侦查人员应作出合理解释，否则不能作为定案根据）。

侦查机关是否是在规定的办案场所外讯问取得的供述（拘留、逮捕后24小时内都应进行讯问；拘留、逮捕后的讯问一般在看守所内，否则需要有合理解释）。

查看首次讯问时间（首次讯问笔录没有记录告知被讯问人相关权利和法律规定的，不能补正或作出合理解释的，不得作为定案的根据。嫌疑人到案后，除非同案抓获很多人，若很长时间不进行首次讯问，易引发讯问前是否有刑讯逼供、诱供等质疑）。

是否遵循先讯问后辨认规则（先辨认后讯问，有诱供、指供的嫌疑，会使笔录的真实性存疑）。

姓名、人称是否匹配（笔录签名与身份证姓名、侦查机关查询人员信息的姓名不一致，笔录中称呼、绰号、小名、曾用名等与嫌疑人无法对应，即无法证明同一性）。

时间久远的细节描述，未做说明或解释（人对时间久远的具体日期和事件细节的记忆会逐渐模糊，如嫌疑人能精确描述，则其真实性存疑，除非有记忆深刻的合理解释）。

犯罪嫌疑人供述存在反复或翻供，讯问笔录

中未记录相关经过或原因（根据司法解释规定，嫌疑人供述存在反复，在庭审中不供认，若无其他证据印证，法庭不得采信其庭前供述）。

犯罪嫌疑人被刑讯逼供后是否还存在其他重复性供述，如果有应当一并排除（但有两种例外：更换侦查人员后，告知诉讼权利和认罪的法律后果，嫌疑人自愿供述的；审查逮捕、审查起诉和审判期间，检察人员、审判人员讯问时告知诉讼权利和认罪的法律后果，嫌疑人自愿供述的）。

制作《阅卷笔录》。

2. 分析证据卷——书证

书证的来源是否合法、是否为原件、是否经过辨认鉴定，在保管复制的过程中是否符合程序规定。

该书证的真伪：书证在收集、保管、鉴定过程中是否受损或者改变，更改的迹象是否有合理可信的解释。

该书证与本案的联系。

该书证与其他证据的联系。

该书证的内容及所要证明的问题。

取得该书证的程序是否合法。

3. 分析证据卷——物证

物证是否为原物。

物证与待证事实的关系。

物证与其他证据之间能否相互印证，有无矛盾。

物证的来源、收集程序、方式是否合法。

物证是否受到破坏或者改变。

物证收集是否完整全面。

物证的照片、录像、复制品是否能反映原物的外形和特征。

勘验、检查、搜查、扣押的物证是否附有相关笔录清单，是否经侦查人员、持有人、见证人签名，物品的名称、特征、数量、质量等是否注明清楚。

4. 分析证据卷——证人证言

证人证言与待证事实的关系。

证人与案件当事人、案件处理结果有无利害关系。

证人证言之间以及与其他证据之间能否相互印证，有无矛盾。

证人证言内容是否为证人直接感知。

证人感知案件事实时的环境、条件和精神状态。

证人的感知力、记忆力和表达力。

证人作证是否受到外界的干扰或影响。

证人的年龄以及生理上、精神上是否有缺陷。

证人证言是否前后矛盾。

证人证言是否以暴力、威胁等非法方法收集。

证人证言的取得程序、方式是否符合法律及有关规定。

证人不能出庭作证的原因及对本案的影响。

如认为确有必要对该证人证言进行当庭质证的，应当向法庭申请通知人出庭作证，或者要求通过视频语音通信等技术手段对该证人证言进行质证，或者建议法庭对该证人证言不予采信。

5. 分析证据卷——视听资料

审查视听资料的证据要点，如发现该材料不真实，或者与本案没有关系，或者其内容不是被告人自愿所为等，应提出要求重新鉴定或者不予采信的建议及理由，控辩双方可以就此展开辩论，辩护律师有权要求法庭调查核实。

视听资料的形成及时间、地点和周围的环境。

视听资料的来源及提取过程是否合法，制作过程中当事人有无受到威胁、引诱等违反法律及有关规定的情形。

是否为原件，制作人、原视听资料持有人是否签字或盖章。

内容和制作过程是否真实、完整，有无伪造、变造、剪辑、增减等。

内容与待证事实的关系。

播放视听资料的设备是否影响播放效果等。

视听资料为复制件的,是否附有无法调取原件的原因、复制件制作过程和原件存放地点的说明。

6. 分析证据卷——电子数据

审查电子数据证据要点,如发现该材料不真实,或者与本案没有关系,或者有相反的证据表明该数据为伪造等,应提出要求重新鉴定或检验的建议和理由,或者建议法庭不予采信,控辩双方可以就此展开辩论,辩护律师有权要求法庭调查核实。

是否随原始存储介质移送(在原始存储介质无法封存、不便移动或者依法应当由有关部门保管、处理、返还时,提取、复制电子数据是否由两人以上进行,是否足以保证电子数据的完整性,有无提取、复制过程及原始存储介质存放地点的文字说明和签名)。

收集程序、方式是否符合法律及有关技术规范(经勘验、检查、搜查等侦查活动收集的电子数据,是否附有笔录、清单,并经侦查人员、电子数据持有人、见证人签名;没有持有人签名的,是否注明原因;远程调取境外或者异地的电子数据的,是否注明相关情况;对电子数据的规格、类别、文件格式等注明是否清楚)。

电子数据内容是否真实,有无删除、修改、增加等情形。

电子数据与案件事实有无关联。

与案件事实有关联的电子数据是否全面收集。

如发现该材料不真实,或者与本案没有关系,或者有相反的证据表明该数据为伪造等,应提出要求重新鉴定或检验的建议和理由,或者建议法庭不予采信,控辩双方可以就此展开辩论,有权要求法庭调查核实。

7. 分析证据卷——讯问视频

除视听资料的一般分析要点外,对讯问视频的审查要注意比对笔录,是否存在刑讯逼供等非法取证情形。

核实是否每份笔录均有同步视频(应当但未全程录音录像,供述可能会被排除)。

视频时长与笔录时长比对。

对比视频与讯问笔录,有无漏记、错记以及无中生有的记录,有无复制、粘贴其他笔录。

查看视频是否从犯罪嫌疑人进入审讯室开始或是中途开始。

查看视频中犯罪嫌疑人身体状况及精神状态。

查看视频中有无殴打、威胁犯罪嫌疑人的影像、声音。

查看犯罪嫌疑人有无被诱供情形。

查看视频中犯罪嫌疑人有无念底稿的情形。

视频关键内容形成文字稿,并标注时间节点。

8. 分析证据卷——侦查实验笔录

侦查实验的条件与事件发生时的条件有明显差异,或者侦查实验不具有科学性,或者实验笔录与相关物证、书证、证人证言等证据存在矛盾,应提出该侦查实验笔录不能作为定案的根据。

审查实验的过程、方法,笔录对侦查条件、经过、结果的记录是否准确,笔录的制作是否符合相关规定。

审查侦查实验所依据的条件与案件发生时的客观条件是否完全一致。

审查侦查实验笔录记录侦查实验过程中所发生的事实、情况是否客观。

9. 分析证据卷——辨认笔录

侦查机关组织辨认程序如果不够严密,没有严格地遵守辨认规则,违反法定程序的辨认,其辨认结果不能在审判中作为证据使用,建议法庭不予采信。

辨认是否在侦查人员主持下进行。

辨认人是否在辨认前见到过辨认对象;在辨认前,应当尽量避免辨认人和辨认对象有所接触,包括媒体报道情况的引导等也会对辨认人造成心理影响,产生先入为主的概念,辩护律师对这一点要进行质证(辩前不见规则)。

询问应当在辨认前进行,侦查人员应在辨认前详细询问辨认对象的具体特征,询问结论与辨认结论差异性越小,辨认结论证明力越强(辨认前询问规则)。

辨认活动是否单独进行,如多名辩护人对同一辨认对象辨认,辨认人具有彼此交换意见的条件,辨认结论便不再是个别辨认人的意见,而是辨认人集体意见的整合(个别辨认规则)。

辨认对象或对象数量是否符合规定,被辨认的人数不得少于7人,对照片进行辨认的,照片上的人数不得少于10人(混杂辨认规则)。

是否存在给辨认人暗示或指认的情形。

是否制作了规范的辨认笔录。

10. 分析证据卷——勘验、检查笔录

审查勘验、检查笔录的要点,如发现该材料不真实,或者与本案没有关系,或者其内容涉及程序性违法,应要求法庭传唤笔录的制作人出庭说明情况,如果拒不出庭,可提出不予采信的建议和理由。

勘验、检查是否依法进行,笔录的制作是否符合法律及有关规定的要求。

勘验、检查笔录的内容是否全面、详细、准确、规范(是否记录了提起勘验、检查的事由,勘验、检查的时间、地点,在场人员、现场方位、周围环境等,现场的物品、人身、尸体等的位置、特征等情况,以及勘验、检查、搜查的过程;文字记录与实物或者绘图、照片、录像是否相符;现场、物品、痕迹等是否伪造、有无破坏;人身特征、伤害情况、生理状态有无伪装或者变化等)。

固定证据的形式、方法是否科学、规范。

补充勘验、检查是否说明理由,前后有无矛盾。

勘验、检查笔录中记载的情况与其他证据能否印证,有无矛盾。

勘验、检查笔录是否经勘验、检查人员和见证人签名或盖章。

11. 分析证据卷——鉴定意见

辩护律师应当对鉴定意见的客观性、合法性、专业性、可信及时发表意见并阐明理由,必要时,辩护律师有权申请法庭通知鉴定人出庭接受质证,或者建议法庭不能作为定案的依据,或者要求法庭延期审理,申请人民法院补充鉴定或者重新鉴定。

A. 对鉴定意见进行质证

(1) 鉴定机构和鉴定人是否具有法定资质。

(2) 鉴定人是否具有该专业知识。

(3) 鉴定人是否存在应当回避的情形。

(4) 检材的来源、取得、保管、送检是否符合法律、有关规定,与相关提取笔录、扣押物品清单等记载的内容是否相符,检材是否充足、可靠。

(5) 鉴定意见的形式要件是否完备,是否注明提起鉴定的事由、鉴定委托人、鉴定机构、鉴定要求、鉴定过程、鉴定方法、鉴定日期等相关内容,是否由鉴定机构加盖司法鉴定专用章并由鉴定人签名、盖章。

(6) 鉴定程序是否符合法律、有关规定。

(7) 鉴定的过程和方法是否符合相关专业的规范要求。

(8) 签名、印章、鉴定时间。

(9) 鉴定意见是否明确。

(10) 鉴定意见与案件待证事实有无关联。

(11) 鉴定意见与勘验、检查笔录及相关照片等其他证据是否存在矛盾。

(12) 鉴定意见是否依法及时告知被告人,被告人及辩护律师对鉴定意见有无异议。

B. 如果辩护律师认为应该申请有专门知识的人出庭支持辩护律师观点,应当向法庭提出申请,得到允许后,由有专门知识的人提出观点,对鉴定人作出的鉴定意见提出意见、进行辩论

12. 分析文书卷

审查文书卷中办案流程是否合法,时间是否超期,文书是否涂改。

查看侦查机关移送案件材料清单、扣押物品清单,与犯罪嫌疑人核实有无遗漏。

与证据卷中的时间节点相比对。

传唤证、拘留证、逮捕证等法律文书,说明当事人在不同阶段的身份,注意文书衔接上的变化,可以证明当事人的交代是否构成自首。

注意不同文书上罪名的变化,除办案人员对案件的定性认识不准确外,也存在犯罪嫌疑人的交代内容发生变化的问题,也可能是侦查机关的管辖权冲突。

13. 制作阅卷提纲

犯罪嫌疑人身份状况:包括姓名、性别、出生年月日、职业和单位等;单位涉嫌犯罪的,应当了解单位的相关情况。

涉嫌犯罪事实:涉嫌犯罪事实、情节是否清楚,实施犯罪的时间、地点、手段、犯罪事实、危害后果是否明确。

证据材料:审查判断证据的合法性、客观性、关联性,判断侦查机关、检察机关对案件事实的证明是否确实、充分,有无应当排除非法证据的情形。

案件定性:犯罪嫌疑人、被告人的行为是否构成犯罪,诉讼文书定性罪名是否准确。

量刑情节:犯罪嫌疑人、被告人有无法定从

轻、减轻、免除处罚情节以及酌定从轻处罚情节。

诉讼程序：对犯罪嫌疑人、被告人人身权利的限制和对其诉讼活动是否合法，法律手续是否完备。

同案人情况：共同犯罪的案件，了解各犯罪嫌疑人、被告人在共同犯罪中的地位、作用和应负的责任。

被害人情况：被害人有无过错，是否对犯罪嫌疑人、被告人谅解。

涉案款物情况：有无查封、扣押、冻结涉案物品，清单是否齐备。

14. 制作阅卷笔录

辩护律师将案卷材料复制后，应认真、细致阅读案卷材料，案卷材料较少的，可以直接在复制的材料上对重点内容进行圈点。对于案件材料较多的，应制作阅卷笔录。

A. 摘录法：摘录内容包括犯罪嫌疑人、被告人的身份、采取强制措施情况、指控事实、供述、证据、案件性质及认定依据等

B. 列表法：列表法适用的范围较广，可以根据案件的需要进行分类列表

（1）索引表：对于证据材料多的案件，可制作索引表，将证据材料所在卷宗编号、证据名称、证据取得的时间等内容在索引表中列明，以方便

查找证据材料。

(2) **分类表**：对于涉嫌犯罪事实多、罪名多的案件，根据案件的需要，可以对不同的证据材料进行分类列表。

(3) **对照表**：对于案件事实、情节，犯罪嫌疑人、被告人的多次供述不一致的，供述与证人证言不一致的，证人证言之间不一致的，均可采用对照表。

C. 图示法：对于事件或人物关系比较复杂的案件，可以采用图示法，化繁为简，理清思路。图示法有框图、线段图、圆形图、矩形图、纵横交错图等多种形式

15. 阅卷注意事项

阅卷后应有阅卷意见，阅卷意见应包括对案件事实、证据、定性、适用法律等方面的分析。

摘抄、复制的材料应当保密，并妥善保管，不得向犯罪嫌疑人家属提供，亦不得对外发布（与家属交谈时注意防止家属拍照或摘抄案卷材料）。

阅卷中接触到的国家秘密、商业秘密和个人隐私，应当严格保密。

如有合作律师需要复制案卷，应当由该律师出具所在事务所的全套委托手续后再行提供，勿私下传递。

七、庭前准备工作

1. 开具律师事务所函，及时向人民法院出具委托手续

有委托多名辩护律师情况下，优先提交手续，确认辩护人地位。

确认承办单位及承办人员。

提交犯罪嫌疑人或其近亲属签署的《授权委托书》或法律援助公函、律师事务所所函、律师执业证复印件。

联系承办人员，确定阅卷时间。

联系承办人员，询问开庭时间，取得开庭传票（刑事诉讼法院只须提前3天通知开庭即可，提前预估开庭时间很有必要）。

制作刑事律师事务所函、刑事授权委托书。

2. 开具《会见介绍信》，庭前会见被告人

告知被告人在庭审中的诉讼权利、义务。

询问被告人收到起诉书的时间，对起诉书指控的犯罪事实是否有异议。

询问是否收到用作证据材料的鉴定意见书，是否申请补充鉴定、申请重新鉴定。

询问侦查阶段、审查起诉阶段是否聘请过律师，如果已经聘请了律师，该律师已经做过的工作情况，是否还继续参与诉讼活动。

及时告知合议庭的组成人员、书记员、公诉人

的姓名、开庭流程及注意事项，帮助被告人熟悉流程。

与被告人就相应阶段的辩护观点、辩护思路进行沟通，征求其意见（当辩护律师的辩护思路、辩护观点与被告人、委托人的意见不一致时，应当尊重被告人的意见或者解除委托，由被告人另请他人辩护；当两位辩护律师的意见不一致时，沟通时应当尊重被告人的意见）。

协助被告人进行自我辩护要点准备。

告知被告人拟发问内容。

制作会见笔录（可以签字的应当交被告人签字）。

3. 审查《起诉书》

查看被告人基本信息，是否有错漏。

查看被告人与同案其他被告人在起诉书中的排名位置。

查看起诉书指控被告人罪名、犯罪事实、金额，与起诉意见书有无变化。

查看起诉书中认定的犯罪形态、自首、立功、坦白、退赃等量刑情节，是否与证据材料一致。

查看起诉书中所列证据材料是否全部移送法院。

查看起诉书指控的时间范围与犯罪行为时间是否一致。

查看指控的罪名及适用法律。

4. 庭前阅卷

反复阅卷,比对证据增减情况,预估检察机关指控思路。

将起诉书与起诉意见书进行对比,掌握公诉机关在指控事实、证据、罪名及适用法律方面有无变化。

与在检察院阅卷材料比对,证据增减情况。

重点查阅检察院自行收集证据材料。

5. 制作开庭提纲

确定发问提纲(包括发问被告人、同案被告人、被害人、证人、鉴定人等)。

确定质证提纲(对公诉方证据发表质证意见)。

确定举证提纲(依证据目录进行)。

确定辩护提纲(明确辩护观点:有罪、无罪、证据不足)。

适用简易程序的刑事案件,有可能是当庭宣判,因此应当尽量在开庭前,提出辩护意见与合议庭沟通,并向人民法院提交辩护词初稿;对辩护意见有修改的,应在庭审结束后及时向人民法院提交修改后的辩护意见。

6. 申请召开庭前会议

A. 应当申请召开庭前会议的情形

（1）对案件管辖有异议（包括侦查、审查起诉的管辖）。

（2）需要申请有关人员回避的。

（3）需要申请调取侦查机关、人民检察院已收集，但未随案移送的证明被告人无罪或者罪轻的证据材料的。

（4）提供新证据的。

（5）对出庭证人、鉴定人、有专门知识的人的名单有异议，申请证人、鉴定人、人民警察、有专门知识的人出庭。

（6）申请不公开审理的（对于涉及商业秘密的案件，被告人要求不公开审理的，辩护人应向人民法院申请不公开审理）。

（7）申请非法证据排除的。

（8）案情重大复杂及社会影响重大的。

B. 确定召开庭前会议后，辩护律师根据情况与被告人及审判人员就被告人是否参加庭前会议进行沟通

7. 参加庭前会议

A. 庭前会议应提交材料

（1）制作拟当庭宣读出示的证据目录清单，一式三份，连同证据材料一起在庭前会议时提交人民法院、人民检察院各一份。

（2）申请人民法院通知证人、鉴定人、勘验

检查笔录制作人、相关侦查人员、有专门知识的人等出庭作证的名单,包括姓名、性别、年龄、职业、住址、联系方式以及拟证事实等,一式三份,在庭前会议时提交人民法院、人民检察院各一份。

(3)需要进行非法证据排除的,应当单列目录,并附辩护律师认为应当排除的理由、线索及相应的证据,一式三份,在庭前会议时提交人民法院、人民检察院各一份。

B. 会议必要的沟通内容

(1)确认庭审可能持续的时间。

(2)确认是否可能当庭宣判。

(3)向审判人员、公诉人介绍自己的基本辩护思路,必要时可以事先提交举证提纲。

(4)控辩双方可以通过庭前会议进行质证的有关证据、意见。

(5)就案件程序、证据瑕疵、起诉书表述失误等方面提出质疑意见。

C. 辩护律师通过参加庭前会议,了解案件事实、证据和法律适用的争议及不同意见,解决有关程序问题,为参加法庭审理做好准备,并根据庭前会议相应的修改辩护方案,完善质证和举证提纲

D. 开庭前辩护律师应向法庭了解通知证人、鉴定人、勘验检查笔录制作人出庭作证情况。如发现有未予通知或未通知到的情况,应及时与法庭

协商解决。如确有必要，辩护律师应当向人民法院申请法院院长签发证人强制出庭令

E. 如确有必要，辩护律师应当向人民法院申请法院院长签发证人强制出庭令

8. 准备出庭

开庭前 3 日内才收到出庭通知的，有权要求人民法院更改开庭日期，人民法院不同意更改开庭日期的，辩护律师有权向同级或者上一级人民检察院提出申诉或者控告。

向法庭提交律师调取到的证据，请求法院将所调取的材料纳入法庭调查的范围，如在法庭上出示有关实物证据，将有关证人传召到法庭上提供证言等。

辩护律师向人民法院提交证据的，应将调查、收集的证据材料进行复制，并制作证据目录清单，列明证据名称、来源、拟证事实、页数，一式三份，于开庭 5 日前或者在庭前会议时提供给人民法院，证据材料原件在开庭质证后提交法院。

接到开庭通知书后应按时出庭，因下列情形之一不能出庭的，应及时联系人民法院申请延期开庭：

（1）发现重大证据线索，需进一步调查取证或申请新的证人出庭作证的。

（2）所收到的通知开庭日期与已经收到的其

他案件开庭日期冲突的。

（3）具有其他无法准时参加开庭的合理原因的。

（4）法律规定的不可抗力的情形。

辩护律师申请延期开庭，未获批准，又确实不能出庭的，应当与委托人进行协商，妥善解决。

9. 辩护方案的协商确定

律师只需画清地图，告知自己选择某种辩护方案的理由，并告知被告人各种选择的后果，切勿帮助被告人选择某一辩护策略。

10. 申请证人出庭

如果辩护律师认为应该申请有专门知识的人出庭支持辩护律师观点，应当向法庭提出申请，得到允许后，由有专门知识的人提出观点，对鉴定人作出的鉴定意见提出意见、进行辩论。

凡是知道案件情况并有作证能力的人，都可以作为证人。

生理上、精神上有缺陷或者年幼，不能辨别是非、不能正确表达的人，不能作为证人。

证人只能是当事人以外知道案件情况的人。

凡是在刑事诉讼开始以前知道案件情况的人，都应当作为证人参加诉讼，而不应当作为本案的侦查人员、检察人员、审判人员、辩护律师、鉴定人、翻译人员参加诉讼。

11. 协助被告人与受害人和解

A. 建议和解的案件

(1) 因民间纠纷引起、涉嫌刑法分则第四章、第五章规定的犯罪案件,可能判处3年有期徒刑以下刑罚的。

(2) 除渎职犯罪以外的可能判处7年有期徒刑以下刑罚的过失犯罪案件(注意被告人在5年以内曾经故意犯罪的除外)。

B. 和解注意事项

(1) 被害人死亡的,和解须经处于同一继承顺序的所有近亲属同意。

(2) 被害人系无行为能力或者限制行为能力人,其法定代理人、近亲属可以代为与被告人和解。

(3) 对和解协议中的赔偿损失内容,双方当事人均要求保密的,可以申请人民法院采取相应的保密措施。

(4) 对于在审判阶段达成和解协议的案件,向人民法院提出从宽处理的建议。

(5) 对于犯罪情节轻微的案件,向人民法院提出免予刑事处罚的建议。

(6) 和解协议主要内容:a. 被告人承认自己所犯罪行,对犯罪事实没有异议,并真诚悔罪;b. 被告人通过向被害人赔礼道歉、赔偿损失等方式获得被害人谅解；涉及赔偿损失的，应当写明赔偿的数额、方式等；c. 提起附带民事诉讼的，应当由附带民事诉讼原告人撤回附带民事诉讼；d. 被害人自愿和解，请求或者同意人民法院对被告人依法从宽处罚。

C. 刑事案件的和解，应当自愿、合法。如发现以前的和解，不具有自愿性、合法性，可申请人民法院认定原和解协议无效，并争取与对方当事人重新达成和解，由人民法院主持制作和解协议书

12. 缓刑审前调查

核实被告人住所地管辖司法局。

提供被告人住所地管辖司法局名称、司法局矫正科联系方式给人民法院。

人民法院寄送《适用非监禁刑审判社会调查函》及调查材料到管辖司法局矫正科。

提前询问矫正科所需材料：一般需准备保证人出具的《担保书》，提供保证人工作单位、家庭住址、联系方式，身份证、户口簿与被告人关系证明（结婚证等）、房产证复印件，到社区开具《被告人居住证明》。

司法局矫正科下发《拟适用社区矫正被告人调查评估报告》到当地司法所。

填写《拟适用社区矫正人员基本情况登记表》

交司法所。

司法所到被告人住所地社区走访，分别向居委会（或村委会）及社区居民了解被告人一贯表现及生活情况，制作谈话笔录。

司法所向被告人所在单位工作人员了解被告人一贯表现及工作，制作谈话笔录，须加盖单位公章。

社区管辖民警向司法所出具被告人一贯表现、前科及犯罪影响的证明。

司法局向人民法院出具《审前调查意见》。

八、出庭

1. 参加庭审
2. 发问

辩护律师向被告人发问时，应当围绕本案的基本事实进行，让法官发现案件事实中的矛盾之处，将事实的辩论焦点引出，为质证环节铺路。

3. 质证
4. 举证
5. 发表辩护意见
6. 定罪量刑意见要点
7. 庭后提交辩护词
8. 补充提交辩护意见
9. 领取裁判文书

九、庭后工作

1. 开具《会见介绍信》,庭后会见被告人
2. 跟进涉案扣押财物的处理
3. 案卷装订,归档整理

后　记

巨人过河不需要思考策略,踏水而过。世界杯比赛,各方参赛队伍都要研究策略,但专业运动员和业余爱好者打球,根本不需要考虑策略。有时候你的一筹莫展,可能仅仅是因为基本功不够。不要去试图找什么速成方法,知识体系要多看书才能建立,条文的理解要多看案例才能吃透,执业能力要在一个一个案件的办理过程中才能提高。

应用才是学习的目的。知道一百,不如实践一条。尽管笔者汇总了一百句话,但是,每每我重读这一百句话,都觉得有的地方并没有做到或者没有做好。

未来的成绩是由一个一个的今天努力积累而成的。

现在,拿起笔来,写下你准备首先将本书

的哪一句话付诸实践,并从现在开始实践,每日坚持下去。

知行合一,未来由当下成就。